CENTRAL AMERICA IN MY HEART

CENTROAMÉRICA EN EL CORAZÓN

Bilingual Press/Editorial Bilingüe

Publisher
Gary D. Keller

Executive Editor
Karen S. Van Hooft

Associate Editors
Adriana M. Brady
Brian Ellis Cassity
Amy K. Phillips
Linda St. George Thurston

Address:
Bilingual Press
Hispanic Research Center
Arizona State University
PO Box 875303
Tempe, Arizona 85287-5303
(480) 965-3867

CENTRAL AMERICA IN MY HEART

CENTROAMÉRICA EN EL CORAZÓN

Oscar Gonzales

Bilingual Press/Editorial Bilingüe

TEMPE, ARIZONA

ISBN-13 978-1-931010-39-9
ISBN-10 1-931010-39-0

Library of Congress Cataloging-in-Publication Data

Gonzales, Oscar.
    Central America in my heart = Centroamérica en el corazón / Oscar Gonzales.
    p. cm.
    ISBN 1-931010-39-0
    I. Title.   II. Title: Centroamérica en el corazón.

PQ7509.2.G62C46 2006
861'.64—dc22   2006049919

Front cover art: The Window of Make Believe (1975) by Alfredo Arreguín
Cover and interior design by Aerocraft Charter Art Service

A Julia, William, Sophia, Donald,
las constelaciones diurnas que iluminan mi vida/
to Julia, William, Sophia, Donald,
the diurnal constellations who illuminate my life,

and to Manuel Durán, José Emilio Pacheco,
Jay Kobler, and Roberto González-Echevarría,
mis maestros/my teachers.

CONTENTS

PART THREE/TERCERA PARTE

APPENDIX/APÉNDICE

CENTRAL AMERICA IN MY HEART

CENTROAMÉRICA EN EL CORAZÓN

La poesía es, según apunta Octavio Paz en *El Arco y la Lira*, "conocimiento, salvación, poder, abandono. Operación capaz de cambiar el mundo, la actividad poética es revolucionaria por naturaleza; ejercicio espiritual, es un método de liberación interior." Y el poema "es vía de acceso al tiempo puro, inmersión en las aguas originales de la existencia." Antonio Machado es más breve, no menos certero: la poesía es "la palabra esencial en el tiempo." Para Coleridge la poesía es la emoción recordada—y destilada en palabras—en época posterior, más serena y reflexiva.

Sabemos que la poesía se nutre de experiencias intensas y emociones profundas. Para hacer que el lector o el que escucha el poema pueda compartirlas, por los menos en parte, el poeta debe de llevar hasta el límite el poder de las palabras, crear imágenes y ritmos, establecer conexiones internas, casi siempre invisibles a primera vista, entre cada parte del poema y otras partes, y entre cada parte y el todo. Y como cada experiencia es personal e intransferible, y cada emoción es la reacción de nuestro ser, con cada fibra de nuestros músculos y cada gota de nuestra sangre, a algo grande e intenso que se halla frente a nosotros, la comunicación de experiencia y emoción es la más difícil de las tentativas literarias y exige el máximo esfuerzo expresivo. Con cada poema bien logrado el poeta encuentra su lugar en el cosmos y nos ayuda a encontrar el nuestro.

Y esto es precisamente lo que ocurre en la poesía de Oscar Gonzales. El poeta sabe crear una poesía expansiva, que se abre a horizontes cada vez más amplios sin olvidar jamás sus raíces en lo concreto, en lo inmediato, en el detalle preciso y revelador, una poesía que se acerca al lector ofreciéndole "versos / que se estremecen como zafiros de música callada, encauzados al mar" y en la que el poeta consigue acercarse a lo inexpresable, se dispara hacia horizontes lejanos en un buque ebrio, como el de Rimbaud, y llega a floridas incógnitas e inexploradas, a orillas en las que solamente

Poetry is, as Octavio Paz notes in *El arco y la lira*, "knowledge, salvation, power, abandonment. An act capable of changing the world, poetic activity is revolutionary by nature; a spiritual exercise, it is a system of internal liberation." And the poem is "a passage of access to pure time, immersion in the nascent and original waters of existence." Antonio Machado is more brief but not less accurate: "poetry is the essential word in time." For Coleridge, poetry is remembrance—memory of an emotion distilled in words—in a later age more serene and reflexive.

As we know, poetry is nourished by profound emotions and intense experiences. To ensure that the audience that listens to poetry can share the emotions of retrospection and introspection of beauty, the poet must carry words to the cusp of their power, create images and rhythms, establish internal connections almost always invisible at first sight within each part of the poem and other parts, and within each section and its entirety. Because each experience is untranslatable, and each emotion is the reaction to our own intimate being with every fiber of our muscles, with every drop of our own blood, something great and intensely profound is disclosed right before us—a communication of experience and emotion that is one of the most difficult literary feats and thus requires the maximum expressive effort. With each well-constructed and revealing poem, poets find their places in the cosmos and help us find our own place in it.

That is exactly what happens in the poetry of Oscar Gonzales. The poet knows how to create an expansive poetry that opens up to horizons that are more vast each time, without forgetting its roots in the concrete, in the immediate, in detail that is precise and revealing. It is poetry that approaches and offers the reader "verses/that shiver like sapphires of silent music that lead to the sea" in which the poet achieves to beautifully communicate what is inexpressible, moves toward distant horizons in mystical ships

habita el misterio. Poesía como aventura peligrosa, poesía que persigue lo inalcanzable, poesía de vértigo que intenta comunicarnos—y lo logra—lo que el poeta persigue y alcanza como hombre, como hombre enamorado, como hombre para quien el amor es no solamente una victoria sino un paso hacia el conocimiento de lo absoluto, hacia "la incomprensible sensación de la eternidad en mis labios."

Cada poeta que merece este nombre es, lo sabemos, único, original, inclasificable. Y, sin embargo, siempre ayuda a comprender una obra el situarla dentro de un conjunto más vasto. Nuestro poeta no puede dejar de pertenecer a algún grupo más numeroso.

En concreto, Oscar Gonzales llega a nosotros de un país que es fácil calificar como "exótico" y "tropical", a menos que lo hayamos visitado y hayamos compartido la tristeza y las esperanzas de sus moradores: Honduras. País con su propia tradición poética, muy valiosa, aunque poco conocida por otros países de habla española, y menos aún fuera de la órbita hispánica, tradición que Oscar Gonzales conoce perfectamente y que le ha ayudado a encontrar su propia voz.

En un ambiente más amplio podríamos afirmar que nuestro poeta pertenece a la familia de Pablo Neruda, por la amplitud de sus horizontes, lo firme de su voz, y la sensualidad intimista y a la vez cósmica de su poesía amorosa. Erotismo y visión panorámica de la naturaleza son características que unen a los dos poetas, junto con un interés por los temas de la libertad y el odio a la opresión, a la injusticia, a la tiranía, que se manifestaba en un libro de poemas de Oscar Gonzales anterior al presente y titulado *Donde el Plomo Flota*, en el que el tema principal era la vida cotidiana—triste, limitada, oprimida—en su país natal. Pero ahora el tema de su poesía es el amor, el amor sensual compartido y victorioso, y ello hace más fácil para sus lectores el compartir las experiencias del poeta y vibrar con las emociones que cada poema suscita en nosotros.

Sí, nuestro poeta pertenece a la familia de Neruda, del Neruda enamorado de *Veinte poemas de amor y una canción desesperada*, y más tarde, los mil y un poemas inspirados por Margarita Aguirre.

4

like Rimbaud, and arrives at eternal and unexplored sites on secret shores where only mystery resides. This poetry is like an adventurous danger that pursues and reaches the unattainable. It is a poetry of vertigo that tries to communicate to us—and achieves— what the poet pursues and reaches as a man, as an enamored man, as a man for whom love is not only a victory, but a passage toward the knowledge of the absolute: "the incomprehensible sensation of eternity on my lips."

Each poet who deserves to be so called is, we know, unique, original, unclassifiable. At the same time, it is also helpful to understand a work by placing it within a more encompassing corpus. Oscar Gonzales belongs to an eminent and numerous group. More concretely, he comes to us from a country that is easily classifiable as "exotic" and "tropical" until one has visited and shared the sadness and hopes of its people: Honduras. It is a country with its very own and valuable poetic tradition, although it is not well known in Spanish America and Europe, especially outside of the Hispanic tradition, which is one that Oscar Gonzales knows perfectly and which has helped him to find his own voice.

In a more encompassing perspective and light, we can assert that our poet belongs to the family of Pablo Neruda because of the amplitude of his poetry's horizons, the strength and firmness of its voice, and the "intimist" and cosmic sensuality of his love poetry. Eroticism and a panoramic vision of nature are characteristics that unite the two poets, together with an interest in the themes of liberty and the disdain of oppression, injustice, and tyranny that were manifested in a book of poems formerly written by Oscar Gonzales titled *Donde el plomo flota*, in which the principal theme encompasses the daily life—saddened, limited, oppressed—of his native land. But now the theme of his poetry is love, shared and victorious sensual love, and this makes it easier for his readers to share the experiences of the poet and resonate with the emotions that each poem evokes in us.

Yes, our poet belongs to the family of Neruda, the enamored Neruda of *Veinte poemas de amor y una canción desesperada*, and later, the 1,001 poems inspired by Margarita Aguirre.

Pero Neruda, a su vez, pertenece a la familia de Quevedo—y a la de los surrealistas, aunque él no lo quiera—y todos los poetas pertenecen a la gran familia de Homero, Dante, Garcilaso, Donne, Milton, Racine, Baudelaire, Rimbaud, Mallarmé, Rilke, Eliot. Todos quedan hermanados por su voluntad de estilo y su apasionado deseo de comunicarnos algo precioso e intenso que han visto, que han sentido, que han vivido. A todas estas voces se suma ahora la de nuestro poeta. Y como todo libro de poemas es a la vez una revelación de algo íntimo y un espectáculo que nos permite compartir esa intimidad, una ceremonia y una fiesta, ahora nos toca prestar atención: el poeta se prepara a decirnos algo, el telón está a punto de levantarse.

Manuel Durán
PROFESOR EMÉRITO, UNIVERSIDAD DE YALE

At the same time, however, Neruda belongs to the family of Quevedo—and to that of the surrealists, even though he denied it—and all poets belong to the great family of Homer, Dante, Garcilaso, Donne, Milton, Racine, Baudelaire, Rimbaud, Mallarmé, Rilke, and Eliot. All are related through their essential style and passionate desire to communicate something precious and intense that they have seen, felt, or lived. Now the voice of our poet is added to all these voices. And since every book of poems is at the same time a revelation of something intimate, a vision that allows us to share that intimacy, a ceremony, and a celebration, now it is our turn to pay attention: the poet embarks on his trek of prophecy and the curtain is about to rise.

Manuel Durán
PROFESSOR EMERITUS, YALE UNIVERSITY

PRIMERA PARTE

Exilio y amor

PART ONE

Exile and Love

Epitalamio

Centroamérica en el corazón

Por este viaje a las profundas unidades de la soledad
he conocido sin planearlo
a la vieja vestimenta del mar;

he caminado con cuidado por los colores del cobre
cuando el ocaso ya ha lanzado el último suspiro del día;

he llamado por estacionales puertas
a los fantasmas del poniente
en las esquinas de las calles angostas;

he permitido a mi boca eludir los versos necesarios
para encontrar la frase terminante del atardecer;

he desarmado la equidad profunda de la noche
para concebir un verso íntimo de su faz amurallada;

he desechado los duelos del ocaso
cuando el cielo se cierne sobre el manto enamorado del crepúsculo:

he hecho
    y deshecho
        tantas cosas

Buscándote . . .

Epithalamion

Central America in My Heart

On this voyage into the deep communion of solitude
I've casually come to know
the old and withered costumes of the sea;

I've walked carefully through the colors of copper
when the dusk has already conjured the last prayer of the day;

Through seasonal doorways
I've called upon the twilight ghosts
arched in the corners of the narrow cobblestone streets;

I've let my lips evade the necessary verses
to find the ending phrase for the afternoon;

I've disarmed the elusive equity of the night
to conceive an intimate verse from its fortified mysteries;

I've cast aside the grieving songs of my twilight
as the sky envelops the enamored vestments of the night;

I've done
    and undone
        so many things
            in search of you . . .

Alborada

A G U A P R I M A V E R A L

Honduras

I/XXIV

> *Todo se rompe y cae. Todo se borra y pasa.*
> *Es el dolor que aúlla como un loco en un bosque.*
>
> —Pablo Neruda

Recostado bajo el perfil dormido de la madrugada;
habitando el galope muerto de estos muelles;
atrapado en la súbita detonación de un nombre
y tu beso
pienso en vos—
como un herido marinero
lentamente atravesando el llanto de un suspiro oscuro.

Vivo esperando el abandonado
día sumergido
en que te vuelva a acariciar
como los ocasos implacables de diciembre.

Mientras tanto
conjugo tus labios abrasados por mis versos.

Te pinto derramada como un temblor de tierra
en mi
cuerpo.

Con crayones de colores
te envuelvo en el latido de un sueño
para sentirte mía.

Dawn

Honduras

I/XXIV

> *All is broken and fallen. All is erased and passes.*
> *It is pain that howls like a madman in a forest.*
>
> —Pablo Neruda

Reclining under the sleeping silhouette of dawn,
inhabiting the dead gallop of these docks,
trapped in the sudden remembrance of a name
and your kiss
I think of you—
like a wounded mariner
slowly crossing the tears of a painful longing.

I live waiting for the abandoned,
submerged day,
when once again I will caress you
under the vivid twilights of December.

Meanwhile
I summon your lips scorched by my verses.

I paint you flowing like a land quake
over my
body.

With color crayons
I wrap you inside the heartbeat of a dream
to feel you mine.

13

También te busco como un niño
mortalmente frágil
en las manos de la noche;
pero nunca encuentro el rumor de tu llovizna
que hoy yace doblado
en el recodo de un atardecer ultramarino.

Sin embargo me embarco en el fuego fugitivo de las olas
que se arrancan desde ti
y que yo recojo
en el tiempo
que pasa
como las eróticas caricias siempre arando años.

Por eso, constantemente a media noche
visito tu recuerdo
que anda suelto
como un inexplicable beso de ojos asustados
extraviado
en un sopor sin prisa
que siempre me pregunta
sobre tu silencio enamorado.

Pero nunca le he podido contestar
o siquiera hablar acerca de tus labios
recorriendo recónditos secretos,
o de tus miradas marinas poblando este otoño,
o de tu rocío
que como tú
entre huellas grises hoy se ha quedado.

Y es que las palabras
se me vuelven brasas inasibles.

Inclinado en el silencio tiemblo.
Te siento lejana, ausente.

Like a child I search for you,
mortally fragile
in the hands of the night;
but I never hear the sounds of your drizzle
that today also remain lost
in the confines of an ultramarine dusk.

Yet I embark on the fugitive fire of waves
that surge from you
and which I collect
in time
that passes
like an erotic caress always nurturing the years.

That is why, constantly at midnight
I visit my recollections of you
that have escaped
like a mysterious kiss with fearful eyes,
lost
in a tranquil dream
which always asks me
about your enamored silence.

But I've never been able to answer,
never been able to tell that dream about your lips
traveling through clandestine secrets,
or of your oceanic glances which permeate this autumn,
or about your dew
that like your presence
now remains among gray footprints.

And it is because words
have become ungraspable embers.

Inclined in silence I tremble.
I feel you distant, absent.

Pero aún así,
bajo el enorme asesinato de este negro cielo
que por separado los dos admiramos,
pronto volveré.

El tiempo también es humano
y habitado por las ruinas del silencio
con el mismo gesto de una alondra herida
pronto pasará
madurando en mis miradas como la esperanza
de poder volver,
de poder tenerte otra vez entre mis brazos loca,
de poder amarte,
de poder besarte bajo el divino martirio de mi boca.

But even then,
under the enormous assassination of this dark sky
that we separately admire,
I will soon return.

Time is also human
and inhabited by the ruins of silence
with the same gesture of a wounded skylark
it will soon pass
ripening in my gazes like the hope
of being able to return,
of being able to have you with me, once again clasped in my arms,
of being able to love you
of being able to kiss you—under the divine agony of my soul.

Guatemala

Ti so. In te tutta smarrita
alza bellezza i seni,
s'incava ai lombi e in soave moto
s'allarga per il pube timoroso,
e ridiscende in armonia di forme
ai piedi belli con dieci conchiglie.

—SALVATORE QUASIMODO, "PAROLA"

Una brisa casi confidencial inaugura el día
y la niebla desde el mar vaga hacia las calles
enredando su cuerpo nocturno
en el color cobrizo del amanecer
    que duplica misteriosamente
    el alba innumerable del primer Edén.

Despierta en la palabra el Gran Espíritu
y Su voz acude a tus labios,
tornada en versos
que se estremecen como zafiros de música callada, encauzados
    al mar.

El musgo acústico de los corales sumergidos,
el tiempo sepultado del Mediterráneo,
el lago esmeralda de la aurora en súbito crepúsculo
    es tu presencia.

Eres y siempre has sido
    la palabra,
        el verso en el tiempo,
la patria que me recibe
y acepta mis melancólicos jardines y otoños de exilio:
    la sensual alegoría de mi tristísima música.

Por eso, entre soledades asumiendo su virtud absolutoria,
acaso soñando la sucesión de unos primeros besos,

Guatemala

Ti so. In te tutta smarrita
alza bellezza i seni,
s'incava ai lombi e in soave moto
s'allarga per il pube timoroso,
e ridiscende in armonia di forme
ai piedi belli con dieci conchiglie.

—SALVATORE QUASIMODO, "PAROLA"

An almost confidential breeze inaugurates the day
and the fog wanders from the sea toward the streets
coiling its nocturnal body
in the copper chronicles of dawn
that mysteriously replicate
the limitless dawn of the first Eden.

The Eternal Spirit awakens in the Word,
and Her voice rises from your lips,
transformed into verses
that shiver like sapphires of silent music that lead to the sea.

The acoustic moss of the submerged coral,
the buried time of the Mediterranean,
the emerald lake of dawn in sudden twilight
        is your presence.

You are and always have been
the word,
the verse in time,
the country that receives me
and accepts my twilight gardens and autumns of exile:
the sensuous allegory of my saddened music.

Thus, amidst the absolutory virtue
of loneliness,

19

escucho, amada,
tu nieve llenando de ramilletes blancos a mi silencio de estrella
    lejana.

Te imagino entre las Troyas replicadas en el tiempo
convertida en una transparencia sidérea
cincelada por el alba.

El misterioso aroma de tu sibila
me domina
y es el palpitar íntimo
adonde se siente más cerca
la patria, la respiración del mar y la palabra.

dreaming the succession of our
first kisses, I listen, beloved,
to your snow filling the distant star of my silence with white
    bouquets.

I imagine you surrounded by the Troys replicated in time,
transformed
into a sidereal transparency sculpted by dawn.

The mysterious aroma of your sibyl masters me
and is the intimate heartbeat
where I feel spiritually closer
to the motherland, the breathing of the sea,
and the gilded tomb of timelessness.

Nicaragua

Where the quiet-coloured end of evening smiles,
Miles and miles . . .

—Robert Browning, "Love Among the Ruins"

El silencio ya ha trenzado un hilo oscuro
en la ribera de la aurora,
y el sonido sumergido del crepúsculo cercano
    junto al silencio de nuestro beso
ha comenzado a calcar en su espejo
la diadema fragante del otoño.

Entre los colores que el mar comienza a rescatar
de su vaivén de turquesa oscura,
se discierne al otoño invocando una voz vespertina.

Se siente la sinfonía de estrellas
cinceladas entre grandes praderas rodeadas de siluetas enamoradas,
de ocasos dramáticos ahogando la ceniza,
acaso la voz efímera de bardos y sus versos en el tiempo
dejando translucir la más aguda sonrisa de la eternidad.

Hay fuentes que invaden a los ojos
con su bella fiesta de agua aprisionada,
memoriales solitarios acompañando a la tarde,
en su jornada de multicolores adioses,
y rincones donde nuestro abrazo
    funde su alquimia con la penumbra
    pintando una acuarela literaria inalterable
en un momento acústico con el sabor del oro.

La vida contigo es siempre así, amada,
tan llena de la magia irreproducible
en donde todo lo que se nombra tiene el apellido de la luz,

Nicaragua

III/XXIV

Where the quiet-coloured end of evening smiles,
Miles and miles . . .

—Robert Browning, "Love Among the Ruins"

Silence has already braided a dark thread
around the solemn shores of dawn—
while the submerged sound of the nearby twilight
bound to the silence of our kiss
has begun to trace in its mirror
the fragrant diadem of autumn.

Summoned in the colors rescued by the sea,
dark turquoise and tumbling, swaying,
autumn slowly ushers in the voices of vespers.

Symphonies of scintillating stars
carved in the enamored silhouettes of expansive meadows,
evoke the music of nightfall and its submerged ashes
in the ephemeral voices of bards and their verses in time,
translucent in the poignant smiles of eternity.

Fountains invade our eyes
with a celebration of imprisoned water,
invoking solitary memorials of dusk
on a journey of multicolored farewells
and recalling the intimate space of our embrace
　　fusing its mysterious alchemy with evening
　　painting an inalterable literary watercolor
in an acoustic moment with the flavor of gold.

Life with you is like that, beloved,
filled with the irreproducible magic
where everything that is named has a surname of light:

el encantador laberinto lleno de encajes de palomas al vuelo
y de reproducciones perpetuas de la eternidad.

Tu presencia en mi vida ha construido florestas de oro sonoro,
días como un vasto diamante,
tiempo enmudecido por tus besos,
las suaves luminosidades
    cosechadas en las tardes,
catedrales como castillos aéreos,
esplendores suntuosos
    derramados sobre el pergamino del cielo,
todos los crepúsculos dramáticos compartidos a media luz
    como un sorbo de vino tinto en el paladar.

Tu has sido, amada,
la noche de estrellas en vigilia
a la orilla de un mar liberado en versos de delirio.

an enchanting labyrinth filled with the laces of doves in flight
and perpetual reproductions of eternity.

Your presence in my life has built forests of sound gold,
days like a vast diamond,
time silenced by your kisses,
soft luminosities
harvested in the afternoons,
cathedrals like air castles,
sumptuous splendors
dispersed like a parchment of sky,
and all the dramatic twilights shared at half-light
like a red sip of wine on the palate.

You have been, beloved,
the night of stars in vigilance
on the brim of a sea liberated in verses of delirium.

El Salvador

Cuando la noche devora los sonidos humanos,
profundo como el crecimiento del árbol,
o del tiempo,
tu alma fluvial acompaña mi noche.

Así te hablo,
olvidando acaso una palabra,
trastocando ritmos con mi cuerpo,
esperándote
como a la empapada rosa del alba
que entre este gran latido de agua secreta
circula por mi pecho
hecha el oro tibio de la alborada adormecida;

en donde tu presencia perdura
como la plenitud del plenilunio;

en donde navegas en mi lago
y sus grandes silencios luminosos,
mojada,
como el vaho de oro del amanecer.

El Salvador

As night enshrines in silence the dying whispers of the day,
eternal as the millenarian growth of trees
or time,
your river soul accompanies my night.

Thus I speak to you,
forgetting by chance a word,
shaping rhythms with my body,
searching for you
like the sodden rose of dawn
blooming in this vast heartbeat of secret water
moving through my heart
like the tepid gold of a serene dawn;

in a place where your presence endures
like the plenitude of a harvest moon;

where you navigate in my lake
and its expansive, luminous silences,
—moist—
like the glistening vapor of the morning.

Costa Rica

Un silencio
como la gastada geografía de una noche sin estrellas
puebla mi espejo esta tarde.

Como quien practica un verso olvidado
he ido buscando en el fondo de su ilusoria verdad
el reflejo inevitable de un remoto y enternecido rostro,
la venturosa llama de una voz deseada,
la explicación minuciosa de un llanto cotidiano,
esta misma noche sin estrellas,
la luna desmedrada por una ausencia inmitigable,
la oda melancólica de Keats,
    tu rostro,
        tus besos.

Y es que tu ausencia,
indefinida como el color del otoño,
es una triste mariposa de cuarzo
encerrada en el sonido sepultado de una sombra.

Costa Rica

A silence
like the ancient constellation of a starless night
inhabits my mirror this morning.

Like a suitor repeating a forgotten verse
I have searched inside the illusory truth of the looking glass
for the inevitable reflection of a remote and soothing face,
for the hopeful flame of your desired voice,
for the precise explanation of my daily weeping,
for this same starless night,
for the moon haunted by an unextinguished absence,
for the melancholic ode of Keats,
    for your face,
        for your kisses.

Because your absence,
undefined like the color of autumn
is a sad gemstone butterfly
confined inside the silenced sound of a shadow.

Panamá

Caen en tu cuerpo de uva crepuscular,
en tu trigal arena donde el tiempo se dilata,
las caricias del sol en declive, tornadas en brasas,
que descubren
tu sabor a peñasco rebosante de silencio.

Y sobre tu forma efímera de otoño,
    mujer de mar y violetas húmedas,
    mujer de esteros y frutales ríos,
tu noche cubierta de nieve lunar
clausurando penas como sombras
        dormidas en su pétalo de luto silencioso,
construye lienzos de estrellas fulgurantes como tu sonrisa.

Combates con la oscuridad y sus secuaces,
confabulando el último suspiro del ocaso, en su vago vaho de
    olvido,
en donde tu amapola reinventa los colores del mar y de la noche.

Y con el vaivén del mundo redescubierto ante tus pies
invoco tu tinta de alegorías, y paisajes anudados a mi cuerpo
en donde te llevo callada en mi verso
cuando te regreso siempre del secreto sideral del plenilunio,
invocando, el tiempo del primer encuentro
cuando indagábamos nuestros contornos
en la explosión de la noche y sus misterios,
    cuando tan remota parecías morir
        en mis besos de anchas palideces.

Y por ese mar oscuro en el halo creciente de la noche,
por la desnuda intimidad de tu silencio, fui forjándote,
tocando la orilla de tu mar aprisionado en versos
entre el plenilunio derrumbándose
en el pecho de las violetas solitarias.

Panamá

The caresses of a declining sun fall like embers
over your body of crepuscular grapes,
in your wheat sands where time is delayed,
while I discover
the translucent light of your silence at night.

And over your ephemeral contour of autumn,
    woman of the sea and humid violets,
    woman of tidelands and fruit-bearing rivers,
your night covered with lunar snow
closing sorrow like a dark intimation,
constructs living sashes of gleaming stars like your smile.

You continuously vie against darkness and her allies,
who conspire to bring about the last sigh of the day
in their vague mist of oblivion,
    and you always bring forth from their benighted ashes
    the sunflowers that reinvent the colors of the sea and the night.

And in the whirlwind of the world rediscovered under your feet,
I summon your warm seas, and landscapes tied to my body,
where I gently carry you in my verses,
as I return you from the sidereal secret of a crescent moon
recalling the time of our first encounter
when we discovered our silhouettes
in the explosion of the night and its mysteries,
when you so remotely seemed to die
within the white kiss of eternity.

And through that dark sea in the growing halo of the night,
through the candid intimacy of your silence, I began to forge
    you,
touching the edge of your ocean, now captured in my verses
slowly evoking the sensuality of a moonlit night.

Te fui buscando
en el tiempo acuático de nuestro mundo,
besando el constelado augurio de tu madrugada,
tratando de encontrar
el único pasaje hacia ti encauzado,
tu música tendiendo su larga cabellera
    alrededor de mi dolor infinito,
tus montañas y húmedas praderas
    perdiendo sus dramáticos vestidos y perfiles
    en la bruma densa de mi ocaso.

Y en mi tempestad inclinada en su fuego,
absorto en el silencio enamorado de las espumas del mar,
hallé tu tiempo fulgurante de alba
y sobre tu latido de cascabel y otoño, mujer mía,
el mundo gira ardiendo en crepúsculos oceánicos.

I keep searching for you
in the aquatic time of our world
kissing the constellation of your prophetic dawn,
trying to find
the only pathway leading to you,
and your music extending her long hair
     around my infinite pain,
your highlands and humid landscapes
     loosening their dramatic vestments and profiles
     in the dense fog of my dusk.

And in my tempest shivering within its own fire,
bound by the enamored silence of sea foam,
I discovered the moment of your warm sunrise,
and over your heartbeat of coral and autumn, beloved woman,
the world gyrates, kindled by oceanic twilights.

Tegucigalpa

VII/XXIV

Entre las hebras del bronce matutino
secando su color de cobre y reflejos de invierno marino;

Sobre el crepúsculo, en su lecho transitorio adonde se desdoblan
los espejos inclinados de las tardes;

A través de árboles con amplias cabelleras dormidas
invocando el infinito;

Más allá de las nubes como una prodigiosa sucesión de perlas;

Vadeando brocados de rocío arraigados en arbustos
como pieles de tisú;

Entre nieve y ópalo
surgió la alborada.

Arribó inmutada en su dicotomía de caos y orden
    —de silencio y palabra—
bañada por la belleza de alegorías paralelas,
por el tiempo en donde el crepúsculo
hilvanado de penumbra y luz,
se impregna de estrellas vespertinas
barajándose en su vientre.

Surgió como el amor,
tan joven como el comienzo del Renacimiento
invocando con su caracola terrestre
la primera mañana bíblica incendiada de ritual unión,
una ebria brisa de miel desesperada,

Tegucigalpa

VII/XXIV

Our morning arose
entangled in the gilded strands of light,
drying its copper colors in the wintry reflections of the sea;

over the twilight, in its transient cradle
where the inclined mirrors of dusk lay to rest;

through the trees and vastness of their sleeping manes,
invoking infinity;

Beyond the clouds like a prodigious succession of pearls;

Fording the embroidered beauty of dew rooted in shrubs
like skins of silk.

Amidst snow and opal.

Our morning arose
transformed into a dichotomy of chaos and order
—of Silence and Word, like parallel allegories of beauty—
and by the age of twilight
woven by darkness and light
imbued with the glimmer of morning stars
shuffled in her womb.

The morning arose like love,
as young as the beginning of a Renaissance
invoking with its metaphor of fresh beginnings
the first biblical morning ignited by ritual union:
an inebriate breeze of desperate honey,

una telúrica ternura de ensueños,
un silencio de violetas
ovillando pausadamente otro Edén sin sombras
fundido en la apretada ebullición de nuestro día.

El amanecer es la palabra,
el tigre que vive en el presente,
los primeros dos amantes,
el comienzo de un verso cadencioso,
el encaje luminoso del tiempo sin tiempo,
la esmeralda inmensa que labra todos los instantes de belleza,
el pasado de su porvenir de polvo
    que invoca a Edén—nuestra ceniza.

El amanecer eres tú, amada, y nuestro amor:
génesis de muchos rostros,
fiel dicotomía del tiempo,
espejo claro que invoca la realidad onírica de tantos mundos.

a telluric tenderness of dreams,
a silence among violets
slowly weaving a second Eden under a violet sky

Dawn is like the word:
the tiger that always lives in the present,
the first two lovers,
the beginning of a rhythmical verse,
the luminous lace of time without time,
the immense emerald that carves all the instances of beauty,
the past of its future dust
    which makes us recall Eden—our own ash.

You are this morning, beloved, and our love:
a genesis with many faces,
a faithful dichotomy of time,
that clear mirror that summons the dreamlike reality of so many
    worlds.

Antigua

Da gusto deshilar
el matutino trino de la luz entre tus labios
pensar, acaso,
tu campo incendiado de sonidos,
de pájaros y versos
que pulen tu alborada con sus sombras
como un orfebre que se posa
sobre el encuentro de su sueño.

Es asombroso
sentir en mis pupilas tu color de fuego;

imprescindible es
perderme en tu inerme niebla
en busca de quimeras
que tu misterio aprisionado encubre;

inabolible
es el temblor que tu silencio encendido
inicia en lo que queda de la música en mis versos;

inevitable
es el arribo de la noche enamorada
en que tu mar arisco de enardecidas sombras
desata en mi pecho
     la intimidad acústica de una canción nocturna.

Por eso
en tu fluidez pastoral de tarde en declive,
entre tu otoño húmedo,
esparcido entre lunares y arabescos,
navega mi púrpura anhelo de infinito,
mi mar sosegado
en la porcelana desnuda de tu centro.

Antigua

It is a pleasure to unthread
the morning thrill of light within your lips;
to think, perhaps,
of the pasture ignited by sounds,
by birds and verses
that polish your morning with their shadows
like an alchemist who awakens
to the encounter of his dreams;

it is astonishing
to feel in my pupils your colors of fire;

it is essential
to feel lost in your defenseless mist,
seeking those dreams
that your captivating mysteries have captured;

it is impossible to avoid
the tremor that your fiery silence
brings forth in what is left of music in my verses;

it is inevitable
to feel the arrival of the enamored night
and your untamable ocean imbued with images
that untie in my heart
        the acoustic intimacy of a nocturnal song.

That is why
in the pastoral fluidity of this emerging morning,
within your humid spring,
dispersed among ink sketches and Arabian markings
my infinite desire for you navigates
in a calm sea
and in the nude porcelain of your center.

El tiempo violeta que en tu larga alborada reside,
la prolongada espiral de tus labios
    extendida en la palabra,
tus espumosas sendas dibujando el infinito,
y tu boca mojada por vahos marinos
invoca tempestades y jardines vaporosos en mis versos.

Desde el fondo inmaculado de la humedad de los sueños,
extiendes tu vértigo de agua sexual hacia mis labios,
y la eternidad amparada en tu cuello desnudo
se inclina hacia mi centro tímido y terrible de tormenta.

The hues of violet that reside in your soft morning,
the prolonged spiral of your lips
    extended in the word,
those lucid roads that sketch the infinite,
and your mouth filled by marine breezes
invokes tempests and fragrant gardens in my verses.

From the precise center of those humid dreams,
you extend your vertigo of intimate water toward my lips,
and eternity, residing within your pristine neck
moves toward my timid and turbulent center of tempests.

Atardecer ultramarino

Managua

IX/XXIV

> *Half of what I say is meaningless*
> *but I say it just to reach you, Julia*
>
> —THE BEATLES, *"JULIA"*

Me he puesto a pensar en los instantes
aún tibios
temblando en nuestras manos,
cuando te siento mía
mientras la oscuridad besa alucinada al silencio;

de la quebrada brotando
tan inesperada como mi voz
tocándote
entre los sonidos con sabor a madreselva de este ocaso;

del rostro reciente de la madrugada
cuando te hablara sin palabras
descubriendo el merodeo de un beso entre tus labios;

de la vida y sus rutas sin señales
recogida en el vientre desnudo de la tarde,
tan ansiosa
como mi mano pintando tus contornos en la noche;

de la flor cárdena de ayer;

de tus miradas
derramándose otra vez por toda esta mañana

Ultramarine Dusk

Managua

IX/XXIV

> *Half of what I say is meaningless*
> *but I say it just to reach you, Julia*
>
> —The Beatles, "Julia"

I have come to recall those moments,
Still vivid in my mind,
When our hands shivered
when I feel you mine
while the darkness embraced the still silence

of the stream tirelessly trickling
as unexpected as my voice
touching you
among nature's whispers and the sweet scent of honeysuckle
    at sunset

of your refreshing face at dawn
when I spoke to you without words
while discovering the presence of a kiss on your lips,

of life and its routes without markers,
curled up in the naked womb of that afternoon
so anxious,
as my hand outlined your contours at dusk,

of yesterday's violet flower

of your expressions
that bless everything once again this morning

igual que mi rostro en tu regazo
aquella noche cuando tú pecabas
mortalmente enamorada entre mis brazos;

del miedo de pensarnos
por tantas cicatrices habitando nuestros dorsos
por tantas lágrimas bebidas como canto
y llanto a la misma vez;

y de la primera vez
que juntos esperamos
con el corazón apretado entre las manos
el amanecer;

de aquel instante en que me nació tu nombre
enredado dulcemente entre tus cabellos;

del último suspiro,
    tan natural,
        tan curativo,
            tan suspiro;

de la noche
cuando te hiciera mi poesía
dormido como pájaro en reposo sobre tu regazo
haciéndome entre sombras tu divino rezo
¡y estremecido,
    . . . estremecido . . . !
con mis versos siempre a tu lado.

like the way my face lay in your lap
that night when you mortally sinned while lying enamored in
    my arms.

Of the trepidation to think that we
had each endured so many hidden scars embedded in our backs
and for countless tears that we had drunk like a song,
while yearning for one another simultaneously

and of that first time
when together, we awaited
dawn
with our hearts squeezed between our hands,

of that instant in which your name was born to me
sweetly entangled in your hair

of that final sigh,
    so natural,
        so curative,
            so peaceful,

of the evening
when I turned you into my poetry,
like a sleeping bird resting in your lap
and I became your divine prayer among shadows
    trembling,
        trembling,
            with my verses always by your side.

San Salvador

Me despierto junto a sueños
fatigando al alma con sus voces impalpables,
entre sombras interiores
hechizando el color agudo de mis días.

Como el lobo que cuajaba
por el viento su profunda música de siglos
concibiendo fui
de la tierra néctar puro, versos claros,
descubriendo
junto a besos anteriores que te he dado
sobre patios aledaños, casi extraños,
la presencia silenciosa de la vida.

Fui forjando
de la herida no cicatrizada
del ocaso y de la noche
un ardiente canto
desde donde
tu figura inescrutable ardía,
descubriendo
en su melodía mágica y profusa
que sin ti, siempre así,
el Leteo forjaría su dominio entre mis días.

San Salvador

I awaken weaving worlds through dreams
that wear upon the soul with their consecrated voices,
surrounded by internal shadows
that betray the false nature of our colors.

Like the wolf that cast upon the wind
its timeless music of centuries
I began to conceive from the earth,
verbal nectar and untainted verses,
discovering
beside our kisses of old,
in nearby patios, almost foreign now,
the silent presence of life.

I began to sculpt
from the open wound of twilight and of dusk
a fervent song
from where
your mysterious soul illuminated the universe
and I discovered
in its magic and expansive melody,
that without you, relinquishing eternity,
a painful silence would summon its dominion over my own
	heart.

San José

Mujer de ensueño que alumbras la vegetación del mundo,
tu alborada confunde su crepúsculo en mi ocaso,
y tu delgado otoño
de espigas y trigales,
tu llama astral de tiempo
y luna silvestre
revierte el mundo a su primer romance.

Del verde oliva de tu mar,
mujer etérea,
de tu fruto verde
que cautiva este presente
    con su silencio de cristal oscuro,
mi aliento hecho bruma por la tarde
va forjando
espejos incendiados de luz,
y nuestros mansos murmullos de amor.

Más allá de la borrasca de tu cuerpo tierno,
en la intriga silenciosa de tus labios,
en tu mirada de alondra crepuscular,
en tu espesa gota de noche,
    busco la eternidad,
y tengo vértigo al mirar
    dentro de tu pensamiento
congregando un sensual silencio de coral.

San José

Ethereal woman who illuminates the natural wonders of the world
your dawn entwines its twilight with my dusk
and your fragile autumn
of swaying fields of wheat,
your celestial flame of time
and your sylvan moon
ushers the world back to its first love.

From the olive green of your oceanic eyes,
mystical woman,
from your unripened fruit
which captivates the present
with a silence of ephemeral crystal,
from your essence,
my breath
like the mist of the afternoon
continues to create
incandescent mirrors of light
and our gentle tremors of love.

Beyond the tempest of your tender body,
in the silent intrigue of your lips,
in the glance of a skylark at dusk,
in your deep essence of night
    I search for eternity
and always experience rapture upon looking
    into your soul
invoking a sensual silence of submerged corals.

Ciudad de Panamá

And for short time an endless monument

—Edmund Spenser

Vayamos a buscar
en el ocaso noche—
acecho inminente de colores tristes;

Vayamos a arrancar
el rojo del poniente
para llenar vacíos vastos en el pecho,
para soñar el sueño de sentirnos uno
con nuestros ríos;

Vayamos juntos
tras el trinaje del atardecer
a ver de las estrellas, sus cantos contenidos
para encontrar más luces sempiternas
vistiéndose de luna,

Para mirar
la tarde de trigal arena
para besarnos
allá donde el confín dibuja la agonía de sentirte mía.

Por la llovizna,
caliente y viva entre mis manos,
tornada en versos en los labios,
vayamos progresando hacia la luna.

Por el suspiro imperceptible
del grillo del anochecer,
vayamos descubriendo el eco
de ocasos y alboradas inconclusas
de aquella eternidad que Keats forjaba

Ciudad de Panamá

And for short time an endless monument

—EDMUND SPENSER

To sojourn in dusk's twilight,
in its concealed disguise of saddened colors
together let us fare to its obscured eternity.

Together let us trek toward the red illuminations of the sun at
    dusk
to diligently distill its colors,
to quench the empty chasms in our soul,
to dream the dream of feeling oneness
    with our internal rivers.

Together let us journey
into the trills of twilight
to see the stars unleash their lyrics
in their eternal lights
enshrined within the moon;

Together let us vividly adore
that time of evening
when dew begins to resurrect
within a sky colored like sand and wheat;
Let us kiss
out yonder where the ends of earth outline
    the agony of love, of feeling one with you.

Amidst the drizzle,
so warm and vital in my hands
transformed like verses on our lips
Let us progress ever so slowly to the moon.

en la gentil fisonomía de una urna oscura
que en su cintura ostenta
enamorados y agonías enlazadas,
el tiempo lento de tu noche,
y las geologías agitadas
de amantes tiernos en el tiempo . . .

And through the everlasting sigh
of fireflies at night
let us conceive the essence
of dusks and dawns, ever unfinished,
in old eternities so quietly construed by Keats
in everlasting features of undiscovered Grecian urns
of deities and mortals:
enamored agonies entwined
enraptured in your night
within the passionate constellations
of supple lovers in time.

Puerto Cortés

XIII/XXIV

> *Il y a des femmes dont les yeux*
> *sont comme des morceaux de sucre*
> *il y a des femmes graves*
> *comme les mouvements de l'amour*
> *qu'on ne surprend pas,*
> *d'autres, comme le ciel a la veille du vent.*
>
> —Paul Éluard

El atardecer ya ha desvestido su figura
pintada del rocío de la medianoche
de flores apagadas al calor del sueño
de un cuerpo encendido en la tersura
de un beso.

El manto gris de la alborada ya ha caído
y ya ha devuelto el anochecer la luz perdida,
y ya ha dispuesto Dios los púrpuras instantes
en que tu alma brota en mí como el latido
de un beso.

Y es que a pesar de estar teñido de estos cantos grises
o de las aves que de mar inundan siempre el aire
o de los llantos de un ligero diluviar que cae
siempre en mi boca y en la tuya se dibuja
    un beso.

Y es que al hacerme líquido en tus manos,
al sentirme como barro estrujado por tu cuerpo,
y al saberme poseído por tus dedos recorriéndome,
o al hablar contigo,

Puerto Cortés

XIII/XXIV

> *Il y a des femmes dont les yeux*
> *sont comme des morceaux de sucre*
> *il y a des femmes graves*
> *comme les mouvements de l'amour*
> *qu'on ne surprend pas,*
> *d'autres, comme le ciel a la veille du vent.*
>
> —Paul Éluard

To fade with you into the burning midnight of a kiss
Light-wingéd woman of the sea . . .
I find nocturnal vestments, unveiled by dying suns,
within your dormant soul of dreams.

To fade with you into the quiet rhythm of a kiss,
the darkened cloak of dawn has strung your soul,
and night has slowly lost its fluid light,
while God has summoned
the silent forms of all eternities.

To fade with thee into the summer vintage of a kiss
the melancholy mourning of the evening
has brought forth songs of longing seagulls
so infinitely brimming within the dewy wine of night,
beyond the weeping of a drizzling rain.

And in your hands, which forge my soul into divine elixir
like sacred clay carefully sculpted by your spirit,
traversed ever so swiftly by your words, over my body flowing,
I thus now speak to you,

55

como sílabas quemándose
mis miradas y caricias te descubren.

Lumbre brota de mis propias manos
fuego arde desde las entrañas de mis versos
y mi pecho de Dios encendido
se desata
como una gaviota ya no fugitiva de su vuelo.

with burning syllables,
    slowly inventing your eternity.

Light buds from my own hands,
fire burns from the core of my verses
and my soul, lit by God
is unleashed
like a songbird no longer fugitive of surrounding silence.

Puerto Barrios

Las tardes llegan solas a mis manos
como las mañanas sin ruido en que me despierto sin nadie

Llegan sin sueño, para acostarse en mi regazo
cuando ya los pájaros han cedido al encanto
de una marginalidad esencial

Llegan obsequiando una transitoria sonrisa
hecha de mariposas nocturnas
cuando se cierra el día dentro de sus enormes párpados púrpuras

En las tardes, cuando la oscuridad ya ha llegado a mi habitación
pienso al ocaso acariciando mi cuello
con el olor del mar en su boca.

Así, a diario, busco el color de las tardes
    cuando me recojo sin tus besos en mi lecho.

Puerto Barrios

The solitary afternoons arrive upon my hands
like the quiet mornings when I awaken alone.

They arrive dreamless, to be laid on my lap
when the birds have already yielded to the charm
of an essential solitude.

They arrive entertaining a fleeting smile
composed of nocturnal butterflies
when the day closes its enormous purple eyelids.

In the afternoons, when darkness has already obscured my room
I think of the night caressing your neck
and the scent of the sea in your spirit.

And so, daily, I seek the afternoon's hues
when I lie in bed feeling the absence of your kisses.

La Unión

Los lunares íntimos que reconozco
    en tu cuerpo que alberga el rumor del trópico,
las ilusiones despertadas entre los abrazos de la media noche,
las caricias conjugadas
en el albor de un momento de soledad,
las causas infinitas que convergen en el tiempo único del beso:
todas esas cosas acaso inalterables
me conducen en silencio hacia tus labios.

Me mueven en trance
por los aromas más profundos incendiados por la luz
hacia donde el confín ya ha dibujado
a dos almas estrechamente compartiendo
el momento exacto que Dios nos ha permitido concretar.

Eres la que siempre espera
la que continua a diario
derrocando destinos
dibujados con las certidumbres del hierro.

Eres la que regresa siempre de lo etéreo
para posar tu ancho beso sobre mi ocaso de bosque cautivo.

La que camina despacio
cuando coteja entre la brisa de la bruma
mi condicionada tristeza sonámbula.

Eres
y siempre has sido
la hermosa entrañable
que desgarra
todas las amplitudes desconocidas
que cargo entre la bruma opalescente sobre el pecho.

La Unión

The concealed hues of eternity
that I recognize in your body
that harbors the breeze of the tropics,
in your spirit that ushers dreams discovered
in an embrace at midnight
in the whiteness of a moment of solitude;
the infinite causes that converge in the uncommon time of a kiss:
all those immortal remembrances,
lead me in silence toward your lips.

Their divination moves me
through deep aromas ignited by your light
toward the threshold of a dawn
where the contours of our souls, like eternity,
have been outlined by God.

You always await me,
and daily continue to challenge
imposed destinies,
and are able to overcome
those realities cast in iron.

You are the one who always returns from the ethereal
to place your soothing kiss over my captive silence of forest at dusk.

The one who walks gracefully
when you usher a hazy breeze
from my conditioned sleepwalking sadness.

You are and always have been
the beautiful and intimate spirit
who has vanquished
all the unknowns
that I carry in the opalescent shadows in my heart.

Limón

El mundo apenas redescubierto
se inclina ante mi paso.

—Anónimo

Un grande silencio de mar solitario,
como río fluye de tu cabellera.

Y tu mirada ensombrecida y autumnal,
tu color de pasto acuático y canela encendida en el vaivén de la
    música,
    tu paso seguro de verano
huye hacia jardines húmedos de anhelo,
. . . oh mujer
de vegetación y trópico,
esmaltada de esmeraldas,
mujer del alma que entrelazas intimidad y llanto con mi centro.

Tu piel de durazno maduro,
y tus muslos erguidos como olas
      acechantes de delirio,
tu perfume de uva seca,
y submarina piel de arena,
—mujer eterna, mujer mía, mujer de nieve y lava,—
    tu forma de otoño huracanado
      cautiva mi amor
         y su embriagante fruta sonora.

Por eso desde lejos,
tan distintos,
mis ojos te dibujan a pulso
en un sueño que me recibe como el mar en la noche
y me esboza el instante primero
cuando tu boca marcó con su vértigo
la incomprensible sensación de la eternidad en mis labios.

Limón

The world just recently discovered
is all before me.

—Anonymous

A great silence from a solitary sea
flows from your hair like a river;

And your misty expression of autumn,
your aquatic and cinnamon-colored hues are illuminated
to the sway of music;
your unwavering stride of summer
moves toward wet longing gardens
O beloved woman
of flowers and of tropics,
enameled in emeralds
woman of eternity who weaves intimacy and longing within my heart.

Your peach-colored skin
and your thighs stretched out like waves
awaiting deliriously
your dry grape perfume
and submarine sandy skin
eternal woman, my beloved woman of snow and lava
your autumn hurricane form
captivates my love
and your resonant intoxicating fruit

Thus from afar
so unique
my eyes outline you by instinct
within a dream that enthralls me like the ocean at night
and lures me to the very first instant
when your mouth marks its gyrating torch
the incomprehensible sensation of eternity on my lips

Nocturno

Granada

XVII/XXIV

Crepuscular, se dibuja a lo lejos
la mortalidad circunstancial del día.

Yo, acaso, descifro la importancia indeterminable
de la fugacidad frecuente de este encuentro:
    el fin del día tan tristemente visible.

Sin ti, y a esta hora de perceptibles anticipaciones
la noche me parece demasiado copiosa,
demasiado permanente su dominio lírico y pasajero,
demasiado grande
la curiosa declaración de que la distancia es inamovible.

Limada por una tristeza interior difícil de calmar
la antigua tarde en que posé mis labios en los tuyos,
el eterno ruiseñor agotando su tenue voz en la mañana agorera
    de Huntington,
la última caricia,
la lágrima,
el poema de ayer—
y todas esas invenciones íntimas
hoy hechas recuerdos mortificantes
cargan más que nunca
de soledad infranqueable al crepúsculo esta noche.

Nocturne

Granada

XVII/XXIV

The circumstantial mortality of the day
is drawn from afar at dusk.

I, by chance, decipher the indeterminable importance
of the frequent fleeting moments of this encounter
the close of the day is so woefully visible.

Without you, and at this hour of perceivable anticipations
the night seems too copious;
its lyrical and fleeting dominion seems too permanent;
and the curious declaration that distance is unchangeable
appears to be too vast.

Softened by an internal sadness that is difficult to appease
that ancient afternoon when my lips touched yours,
the eternal nightingale draining its tenuous voice
       in the ominous morning of Huntington,
the last caress,
that tear,
yesterday's poem—
and all those intimate inventions
now transformed into mortifying remembrances
fill more than ever
with treacherous solitude the twilight tonight.

Balboa

¿Te acuerdas de los caminos de polvo
al lado de los patios con flores
donde se acrecentaba el color de las cosas con tus besos?

Fue bajo la musical armonía de luz de una luciérnaga
que salimos de nuestra sombra hacia otro silencio
más apacible.

¿Te acuerdas de la brisa traviesa,
—brisa brotando ebria de la bruma—
brisa encantada por las señales
del fuego hecho constelación en nuestro abrazo?

Fue allí, tan cerca del mar,
bajo el submarino fondo de nuestra rosa segura
que una ola nos vio abordar el deslinde de un crepúsculo solitario.

¿Te acuerdas de los puertos secados al sol
de los muelles abandonados en la noche
de las bahías tristísimas pintadas de ámbar
donde se olvidan los estibadores en el alba?

Fue entre esas tristezas,
en los campos poblados del silencio de una oración
que encontramos a la familia
que llegó del olvido
con los ramos de la bondad en sus labios para recibirnos.

¿Te acuerdas amor,
te acuerdas . . . ?
Cerca de la quebrada en las colinas,
donde el campo se cruza con la brevedad ilímite de la vida
nos dormimos enlazados
recostados bajo el zaguán lleno de noche y luna
. . . súbitamente recreando el verbo . . .

Balboa

Do you remember the roads of dust
beside the patios of flowers
where the color of things increased with your kisses?

It was under the musical harmony of the light of a firefly
that we exited from our shadows toward another silence
that was more peaceful.

Do you remember the mischievous breeze,
—inebriated breeze surging from the fog—
enchanted breeze by the signals
of fire turned constellation in our embrace?

It was there, so close to the sea,
under the submarine depths of our safe rose
that a wave saw us aboard the brink of a solitary twilight.

Do you remember the harbors dried in the sun
of the abandoned docks in the night
of the saddened bays painted by amber
where stevedores are forgotten at dawn?

It was between those stories,
in the fields populated by the silence of a prayer
that we found the family
that arrived from oblivion
with the bouquets of kindness in their lips.

Do you remember my love,
do you remember . . . ?
Very close to the spring in the hillsides
where the field crosses the brief vastness of life
we fell asleep, coiled
lying under the vestibule filled with night and moon
. . . suddenly recreating the verb . . .

Río Coco

XIX/XXIV

El mar cuela su figura entre las rocas
y con sus dedos escudriña
todos los rincones de los puertos.

Espera pacientemente el leve aleteo de los ríos
que a sus entrañas llegan a procrearse nuevamente.

La misteriosa felicidad que se arraiga en su intimidad,
la luz líquida que su cuerpo profiere,
su unidad trabajada por el tiempo
que nos recuerda sin amargura de una antigua inocencia,
nos hace pensar que en su cuerpo mojado
siempre seremos.

La voz que mis versos tenuemente han recorrido
se inclina,
como el río hacia el mar,
para llegar pura e inmensurable
        hasta tus labios.

Coco River

XIX/XXIV

The sea slides its figure through the rocks
and with its fingers it explores
all the corners of all havens.

It patiently waits for the soft fluttering of the rivers
that arrive in its womb to re-create themselves once more.

The mysterious happiness that is present in its intimacy,
the liquid light spoken by its body
its unity worked by time
makes us remember without bitterness
about an ancient innocence,
and makes us think that in its wet body
we will always be.

The voice that my verses have tenuously traveled through
bends
like the river toward the sea
to arrive pure and immeasurable
    toward your lips.

Lago de Nicaragua

Al hablar por mis versos de los artificios de la verdad,
de los tropiezos prodigiosos del amor
he vuelto sin volver la mirada
a la estacional intimidad
de unos labios memorables llenos de tantas intuiciones piadosas.

Por la primera noche unánime
mi espíritu ha bajado esta tarde,
y ha desatado sin prisa las lenguas que llevo adentro
y me ha dicho, en silencio, más que palabras, lumbre.

El lenguaje mitigado íntimamente por su fuego
el decir enamorado de un abrazo,
hasta las palabras,
emancipadas,
profieren algo
de la nueva ligereza líquida
que suscita
el pecado cotidiano del habla en mi pecho
al escuchar tu voz
cargada de numerosos peligros voluntarios

Algunas sílabas quemadas en esta línea,
la física modificación terrestre que cada verso carga,
el amor que me traza en silencio a tu lado—
el tiempo misterioso, casi acobardado
        que perdura en la emoción profunda
        de nuestra unión aventurada,
el ocaso visible . . .
todas esas cosas, amada,
has sido.

Nicaragua Lake

When I speak through my verses of the artifices of truth,
about the prodigious footfalls of love,
I've returned without looking back,
to the seasonal intimacy
of someone's memorable lips
filled with so many pious intuitions.

Throughout the first unanimous night
my spirit has descended this afternoon,
and it has untied without hurry the tongues that I carry inside
and has spoken to me in silence
with more than words, with light.

Language intimately mitigated by its own fire,
the enamored saying of an embrace,
even words
emancipated
say something
about the new liquid lightness
that surges
from the routine sin of speech in my heart
when I hear your voice
charged with so many voluntary dangers.

Some syllables scorched in this line,
the physical telluric change that each verse carries in itself
love that traces me in silence by your side—
mysterious time, almost cowardly,
that endures in the deep emotion
of our adventurous union,
the visible dusk . . .
all of those things, beloved,
you have been.

Copan

El color de las cosas se acrecienta con tu proximidad
desde la presencia esencial de la luciérnaga
desnudando el día de sus desconcertados olvidos.

Llegas hecha las constelaciones ordenadas
bajo el sueño de un pájaro dormido
fresca, nocturna, en la gota de rocío frutal de la noche.

Así te recibo
como la familia que llegó desde el horizonte de hiedra sideral
con los ramos de la bondad en sus labios . . .

Entre los campos
poblados del silencio de una voz de venados al acecho
recostado bajo el zaguán de una puerta de mar lejano
miro
que las cosas llevan una estrella en sus centros
con tu nombre en sus suspiros otoñales . . .

Copan

The color of things increases with your proximity
from the essential presence of the firefly
undressing the day from its disconcerting forgetfulness.

You arrived transformed into the ordered constellations
under the dream of the sleeping bird
fresh, nocturnal, like the drop of fruitful dew of the night.

That is how I receive you
like the family who arrived from the horizon of sidereal hydra
with the bouquets of kindness in their lips . . .

Between the meadows
inhabited by the silence of a flock of stalking deer
lying under the vestibule of a door of distant sea
I see
that things carry a star in their centers
with your name in their autumnal sighs.

San Miguel

Regarder par la prunelle de sa maîtresse
afin de voir à l'intérieur.

—Georges Ribemont-Dessaignes

El espejo fraguando lentamente la inadvertida deformación del
    tiempo,
las voces que no somos y desearíamos ser,
el olvido intempestivo, preservado inútilmente en la pena,
el cansancio duplicado de los patios vacíos
esas cosas rutinarias de arreciante geografía
por fin han recobrado su cualidad de penumbra lejana.
Desde que tengo tus estrellas en mi garganta
y vivo entre el despertar y el sueño de tu mariposa nocturna:
entre la música y el silencio de tu cabellera clara,
la tristeza y el dolor descargando su brusca inmovilidad
    han por fin ocluido la vindicación de la sombra por tu amor.

San Miguel

*Regarder par la prunelle de sa maîtresse
afin de voir à l'intérieur.*

—GEORGES RIBEMONT-DESSAIGNES

The mirror slowly forging the inadvertent deformations of time,
the voices that we are not and we would wish to be,
tempestuous oblivion, uselessly preserved in pain,
the duplicated tiredness of empty patios,
those things of rugged geography
have finally recovered their true quality
of distant penumbrae.
Since I have had your stars in my throat
and since I live between the awakening and the dream
of a nocturnal butterfly:
between the music and silence of your clear locks,
sadness and pain discharging their stony immobility
    have finally occluded the vindication of the shadows for
    your love.

Lago Yojoa

La arena cobriza que desliza
su relieve por tu vientre;
el mar que estrecha tu
cintura
en la cadencia turquesa de una ebria brisa marina;
la hierba cansada del verano
que figura en su vaivén
el hechizo verde oliva de tus ojos;
la lenta sombra que perdura en tus cabellos de oro
perturbadora como el asombroso sol de la noche;
y las olas que pacientes rastrean en su andanza
la embriaguez crepuscular de tus labios,
te hacen ser cada vez más
escrupulosamente visible
en la memoria del tiempo y el verso.

Por eso en mi tinta, amada,
vuelvo hacia ti mi sangre cada día:

por las olas de los mares estremecidos
que dicen entre sus movimientos de música
y sus ruidos de sombra
lo que la eternidad nos obsequia;

por los días de silencio vertidos como una antigua noche,
por las tardes ajenas
cuando la penumbra llamaba a la iniciación de otra tarde;

por los declives de luz,
por los patios abandonados,
por las rosas en el jardín de la abuela moribunda,

por todos esos rumbos de fuego, amada
mi verso busca tu eternidad.

Yojoa Lake

The copper sand that slides
through the geography over your womb;
the sea that embraces your
waist
in the turquoise cadence of an inebriated oceanic breeze;
the tired pasture of the summer
that recreates its sway
in the olive green enchantment of your eyes;
the gradual intimation that sojourns in your golden hairs
perturbing like the astonishing sun of the night;
and the waves that patiently trace their movement
over the crepuscular drunkenness of your lips
make you evermore
scrupulously visible
in the memory of time and my verse.

That is why in my ink, beloved,
I return to you every day;

throughout the waves of the shivering oceans
that say in their movements of music
and the sounds of their shadows
the eternity that they give us;

throughout the days of silence, spilled over us like an ancient
    night,
throughout those afternoons that never belonged to us
when the penumbra called for the initiation of another afternoon;

throughout the declinations of light,
throughout the abandoned patios
throughout the roses in the garden of the dying grandmother,

throughout all those routes of fire, beloved,
my verse continues to recreate your eternity.

Nocturno centroamericano

Como prófugos de la noche,
en su estuche tejido con hebras de crepúsculo,
errábamos por las amplias avenidas, intuyendo el mar.

Éramos sombras,
esparciendo su dulce movilidad por el océano,
tiritando ante el crepúsculo.

Éramos grutas de silencio—
matizados por el mar y los sonidos de la noche:
buscando la severa soledad de Dios
entre los pensamientos precedidos de ocaso.

Vagábamos como las huellas de la noche sobre el mar
entre los momentos de caducidad,
perpetuados en la vigilia del llanto
como el rastro de un sueño inacabado.

Mientras tanto las luces falsificaban
una claridad gótica, de ciudad,
que cambiaba nuestro vestido crepuscular
en la penumbra mojada por el rocío.

Como la grama cansada del comienzo del verano
la noche abrazaba deliberadamente nuestro cuerpo,
          borrando los contornos.

El confín cerraba muy lentamente sus ojos de púrpura profunda
y el mar volvía a nuestros ojos como una añoranza oscura.

Central American Nocturne

Enraptured by the night,
in its box woven with threads of twilight,
we drifted through the avenues, thinking of the sea.

We were shadows,
spreading their sweet mobility throughout the ocean,
trembling at the sight of dusk.

We were passages of silence—
shaded by the ocean and the sounds of the night;
looking for the severe solitude of God
among the thoughts preceded by the afternoon.

We erred like the traces of the night over the sea
between moments of expiration
perpetuated in the vigil of tears
like the breath of an unfinished dream.

Meanwhile, lights falsely re-created
a gothic clarity of city
that changed its twilight vestment
in the penumbra wet with morning dew.

Like the tired grass at the end of the summer
the night deliberately embraced our bodies
    erasing all contours

And the horizon closed very slowly its deep purple eyelids
while the ocean returned to our eyes like a dark nostalgia.

SEGUNDA PARTE

Nuevo mundo

PART TWO

New World

Todos volvemos al lugar
donde nacimos

De mi infancia solo quedan
    las visiones fragmentarias
        de los patios tendidos
            como un naval terciopelo sobre la tarde.

Entonces, los grillos cuajaban sobre el aire
    su profunda música de siglos
        y las fragancias empurpuradas de la abuela
            meciéndose en la noche
                siempre recibían sin preguntas nuestra vuelta al
hogar.

La hamaca temblando con la brisa,
como la voz trémula del sol en el ocaso;
el futuro imprevisible
que jamás existiría sin la madre;
las leyendas
cargadas de su peso lunar más devorador;
—todas esas cosas inalterables—
eran las constelaciones diurnas que reconocíamos sin tristeza.

Entonces no se intuía el invierno,
ni el otoño que retoña con dolor
entre las sombras de este territorio
—como el frío entre las manos doblegadas—
que hoy he aprendido
a soportar
de la misma forma en que se acepta
la incertidumbre de una falsa sonrisa.

Eran los días en que el solsticio
acarreaba humaredas polvorientas
por las ventanas de las cocinas de zinc
donde el fogón de barro milenario

We All Return to the Place Where We Were Born

What remains of my childhood
are the fragmentary visions
of large patios
extending
like an oceanic green mist over the afternoon.

Then, crickets would forge in the wind
their deep music of centuries
and the purple fragrances of Grandmother
always would receive without questions
our return home.

The hammock shivering in the breeze
like the trembling voice of light at dusk,
the unforeseeable future
that would never exist without Mother,
the Tall tales that filled
with their most engaging lunar weight our days
—all those unchangeable things—
were the morning constellations
that we would recognize daily without sadness.

In the tropical days we had no intuition of the winter
nor of autumn, that often returns with pain
in the shadows of this new territory
—like the cold moving through our shivering hands—
that I have learned to accept
in the same way you welcome
the uncertainty of a false and cordial smile.

Those were the days of the solstice
when the wind pushed the smoke from the clay ovens
through the zinc kitchens
and the ancient stone stoves

decía oscuramente
el secreto de nuestros ancestros sabios y descalzos.

Las rocas deformes en nuestras manos
    parecían darnos
        la ilusión de eventos fabulosos
            que invadían nuestras gargantas de aromas desmedidos.

Era una vida sin dolores estacionales
    Vida sin tiempos irredimibles:
        Vida sin las puras formas sombrías
            que se resbalan hoy lentamente por mi pecho.

clearly spoke
of the secrets of our barefooted and wise Indian ancestors.

The beautiful, unformed rocks in our hands
that served as detailed toys
seemed to give us the illusion
of fantastic events
that invaded our joyful chants
with infinite color.

It was a life without seasonal pains,
a life without unredeemable time
a life without the somber dark shadows
that have intently translated my life
that slowly move today through my soul.

Porque no espero nunca más volver

CAVALCANTI, T.S. ELIOT, JOSÉ LUIS QUEZADA*

Con mi caliente mensaje de poesía,
con otras ropas, otros pasos, balbuciendo una mentira;
con una ridícula indumentaria
hecha armadura;
con otro rostro pesadamente sobre la cara
el otro yo de mí me habla de
la rosa musical derrumbada en mi alma.

Entre galerías de ecos me muevo
conmoviendo al hombre
con mi volumen de mundo triste
con la dolorosa certidumbre de
saberme mitad de olvido
y acompañado
por cenizas adornadas de guirnaldas
    sin sentirme dueño
        de lo que un día dije mío.

---

* Cavalcanti era un contemporáneo de Dante, y escribió un poema titulado "perche io non spero di tornar giammai" sobre la esperanza de volver a Toscana, en donde fundó el movimiento Dolce Stil Novo. En el poema "Ash Wednesday" T.S. Eliot escribió "Porque no espero volver" (con respecto a su religión). Quezada es un poeta centroamericano que usó el concepto para describir la inhabilidad de volver a su juventud.

Because I Never Hope to Return

CAVALCANTI, T.S. ELIOT, JOSÉ LUIS QUEZADA*

With my burning message of poetry
with other clothes, other steps, perhaps uttering a lie;
with a deriding attire
that serves as a helpless armor
with another face heavily over my façade
the other I of me speaks of
the musical rose shattering inside.

Between galleries of echoes I move slowly
also moving mankind
with my volume of saddened world
with the painful certainty of
knowing I have become half oblivion
and accompanied
by my own ashes entwined with garlands
    without feeling the owner
        of what I once proclaimed as mine.

---

* Cavalcanti was a contemporary of Dante and wrote a poem "Perche io no spero di tornar giammai" about having no hope to return to Tuscany, where he founded the Dolce Stil Novo movement. In the poem "Ash Wednesday" T.S. Eliot wrote "because I do not hope to turn" with respect to religion. Quezada is a Central American poet who used the concept to describe his inability to return to his youth.

Ausencia

La tarde reparte sus trajes de tristes misterios;
con sus pinceladas de pálido verde comparte
alguna nostalgia indecisa en estos cementerios
que guardan cenizas secretas en un mundo aparte.

La tarde reparte los besos de la oscuridad,
las trémulas sombras que brotan en las grises costas
del día, muriendo en tinieblas de borrosa edad
que alargan su brusca caída en las calles angostas.

La tarde revuelca su flébil mirada de angustia
en esta ciudad de cielos de vasta violencia
de fríos que enredan su fosca estatura en la mustia
condena
que hoy sufro por reconocer en las tumbas tu ausencia.

Absence

The dusk offers vestments of hesitant mysteries
With brushstrokes of faltering green it reveals
An undefined grief in these cemeteries
That hold secret ashes in a separate world.

The afternoon offers the kisses of darkness,
The trembling shadows that surge in gray coasts
Of the day, dying in dimness of indistinct age
That lengthen its rough fall in the narrow cobblestone streets.

The twilight moves its mourned stare of anguish
Over this city of violent skies
Of cold that coils its stature around the
Condemnation
That I suffer because I recognize in the tombs your absence.

A Manuel Durán

La luna labra su rostro difuso,
las sombras bautizan figuras que huyen,
gaviotas profieren, triste y profuso,
un llanto de soledades que fluyen

hacia el ocaso lleno de confuso
cárdeno y mora que juntos construyen
el fin de este día mustio y difuso
dorado por sombras que lentas destruyen

las sonrisas escondidas del día
los versos ocultos en la agorera
noche que recibe la infiel armonía

de un año que escapa entre la postrera
memoria de un sabio que sostenía
en mano, el fuego que un día me diera.

Friends in the New World: To Manuel Durán

The moon harvests his diffuse face
The shadows baptize figures that flee
Seagulls utter, sad and profusely,
A cry of solitude that flows

Toward the twilight filled with confusing
Purple and lavender that jointly construct
The end of this fading and withering day
Gilt by shadows that slowly destroy

The hidden smiles of the day
The unseen verses in the ominous
Night that receives the broken harmony

Of a year that escapes in the last
Memory of a wise man who held
In his hands, the fire that he once gave me.

Levanta el viento el leve vuelo de la vida

Cromado, el cruel crujido de la aurora
figura el fin de estíos compartidos;
descifra el alba el fruto que desdora
dos cuerpos en la oscuridad vertidos.

El trino matutino de tus ojos
tan verde oliva pronto me cautiva
cuando en el sol se pulen los abrojos
marinos que en tus besos se cultiva.

La Helena alible que en tu voz reside
crepúsculo desnudo es, que turba
con la palabra lo que el verso impide.

Levanta el viento el leve vuelo de la vida,
comienza el día con un beso que se curva
entre unos labios rojos que abren la partida.

The Morning Breeze Lifts Life to Gentle Heights

In half-light, like the fruit of golden morning
The chromed and sudden onset of the dawn
Summons two liquid bodies slowly adjourning
From the still shadows suddenly outdrawn.

The thrill of daybreak rises in your eyes:
Their burst of olive green abruptly ties
My soul to suns that vanquish pains and thorns
Transforming all into an oceanic kiss that burns.

The bounteous beauty that in your voice resides
Is like the splendid openness of night—a light
That can express our love more sweetly than a rhyme.

The morning breeze lifts life to gentle heights,
The day begins anew in a lone kiss that bends
Around red lips that launch the start of legends.

Los puertos, los libros y el tiempo*

a José Emilio Pacheco
desde Puerto Cortés a Veracruz

I.

Los dos venimos de los puertos
adonde el mundo nos llegaba
como llegan oscuros lectores a un solo libro,
como arriban tantos labios a un verso solo,
—como el ser
    tan solo
        para el tiempo—
como caras que encallan en este mismo espejo
o Texto Sagrado
por donde entramos y salimos
y nunca somos los mismos.

II.

Eran Veracruz y Puerto Cortés
esos duros nombres
que suenan a espadas
que blandimos
con algún hu/amor
con la ironía de Cervantes
desde la infancia.

---

*José Emilio Pacheco fue un maestro en varios cursos en la Universidad de Maryland. Este poema fue leído en un homenaje para el profesor Pacheco en la primavera de 2005. Se refiere a su estadía en la ciudad puerto de Veracruz en la costa Atlántica de México. Puerto Cortés es la ciudad donde yo nací y me crié hasta la adolescencia. Los dos puertos son similares pues fue el conquistador Hernán Cortés quien los fundó. El poema discute la similitud del concepto del puerto con el libro. Vivir en un puerto es como vivir dentro de un libro. Recuerdo que en mi infancia a Puerto Cortés llegaban todos los días buques de Rusia, Holanda, África, Estados Unidos, Japón, y Australia, con sus respectivas tripulaciones extranjeras, quienes se aventuraban a tierra firme a conocer y leer ese otro mundo. Al vivir en el puerto, uno se encuentra con todos estos lectores oscuros y extranjeros que gravitan por las calles. En el puerto, el concepto de la soledad, el vivir solo/por uno mismo/ser único, se contrapone al concepto de que se vive solamente y justamente solo para una cosa.

Harbors, Books, and Time*

To José Emilio Pacheco
From Puerto Cortés to Veracruz

I.

We both fare from harbors
where the world came to us
like an unknown reader arriving at a solitary book,
like lips searching for a distinct verse
—like beings
    alone and only
        for time—
like faces stranded in a mirror or a Sacred Text
through which we enter and exit like a reader
after which we can never be the same.

II.

Veracruz and Puerto Cortés
are the ports with hardened names
with the sound of swords
that we brandished

---

*José Emilio Pacheco was my professor in several courses at the University of Maryland. This poem was read at an homage for Professor Pacheco in the spring of 2005. It refers to his years in the port of Veracruz on the Atlantic coast of Mexico, the center of the Mexican counterculture in the 1960s. Puerto Cortés is the city where I was born and raised. The two harbors are similar in many ways: they were both founded by the Spanish conquistador Hernán Cortés, and they both connect their respective populations with the rest of the world. The poem discusses the inherent analogy between harbors and books. Living in a port city is like living in a book with many readers and is similar to the concept of being an author, because the port is read by many strangers. I recall that during my childhood in Honduras I would see many ships from the United States, Japan, Russia, Holland, Australia, Africa, and Asia. When you live in a port city, you find many readers who come visit your world and amble through the streets in search of meaning. In the port, the conception of solitude, of living alone, unique, is constantly in opposition to the notion of living only for one purpose. In Spanish, the meaning of the world "solo" in the poem (which can mean alone, unique, and only) conveys this concept. In addition, the names Veracruz (True Cross) and Puerto Cortés (Cortez Harbor) play an important role in interpreting the meaning of the third stanza.

III.
Ud. lo sabe.
Esa Verdadera Cruz todavía nos embruja
Y la Cortez-
a de nuestros cuerpos y palabras
son el espléndido campo de la conquista del verbo.

IV.
Sí, estábamos en la espera en aquellos puertos
en donde el golpe de la imprenta era nuestro pulso,
en donde el ritmo del verso era nuestro cuerpo,
en donde todas las páginas eran nuestros días,
y la letra era nuestra sangre.

V.
En aquellas tardes porteñas
la infinitud del mar caribe entraba
al infinito del océano atlántico
como las almas que entran ayer, hoy y siempre
a su poesía,
al hombre ciclópeo y enciclopédico,
    al hombre de abundancia
        que desborda el límite del continente,
al hombre etéreo y eterno
    en donde todo es posible,
        en donde el mundo puro y centelleante
            de la palabra
                inaugura la eternidad con cada sílaba,
y en donde la paciencia
hace perfecta la espera:

Ud.
es el hombre,
la infinitud,
que puede absorber
todos nuestros infinitos.

with the same love and irony
of Cervantes
since our childhood.

III.
The sacred Thou in You knows:
how that Vera Cruz still haunts us
and the Cortex
of our bodies and words
is the splendid field where we conquer the verb.

IV.
Yes, we were always waiting in those ports
Where all the print was our pulse,
Where the rhythm of the verse was our body,
Where all the pages were our days
And letters were our blood.

V.
In those tropical afternoons
The infinity of the Caribbean Sea entered
The infinity of the Atlantic Ocean:
Like souls that enter in yesteryear, now, and always your poetry:
The colossal and encyclopedic man,
    The abundant being
    That overflows beyond the borders of the continent
The Ethereal and Eternal Being
    Where everything is possible
        And where the pure and gleaming world
            Of the word
                Inaugurates eternity with every syllable
And where patience
makes waiting perfect.

You are
The Man
The Infinity
That can absorb
All our infinites.

Nietos y abuelos

Para alabar
Las brasas de luz astral
del amor filial y de los padres
A menudo nos reunimos
        Y celebramos
La alquimia del tiempo,
Cuando nietos y abuelos
Lentamente
        Entrecruzan
        Sus manos
E intercambian la maravilla de una sonrisa.

Cuando los hermanos, fraguados
De la misma luz y sueños
Pueden crear su propia imagen prodigiosa
        También nos maravillamos
sobre la gran capacidad de la vida
De constantemente adherirse al cambio y la continuidad,
Para crear de su horno mágico
Una gran diversidad de significados.

Y cuando nuestros hijos
Puedan caminar en la belleza como las estrellas.

Cuando los árboles envejecen dentro de nuestras casas
Y sus raíces crecen sobre nuestras camas.

Cuando la nieve en su extático traje de hielo
Calienta nuestras noches.

Cuando los amigos, que se han ido hace mucho,
Comunican breves instantes de regocijo
Que convierten al mundo de tareas detalladas
En una tierra de maravillas.

Grandchild and Grandparent

To hold aloft
the starlit embers
of filial and parental love,
we often come together
    and celebrate
the alchemy of time,
when grandchild and grandparent
slowly
    cross
        fingers
and interchange the marvels of a smile.

When siblings, wrought
from the same light and dreams,
can usher forth their own prodigious image,
    we also wonder
at the distinct capacity of life
to constantly adhere to change and continuity,
to craft from its conjuring kiln
a wide diversity of meanings.

And when our children
can walk in beauty like the stars;

when trees grow old inside our homes
and build their roots across our beds;

when snow in its enraptured frozen gown
warms up our evenings;

when friends, long gone,
communicate brief moments of elation
that turn the world of detailed tasks
into a land bewildered;

Cuando la posibilidad es certeza
Y los sueños son una mariposa indecible que vive en nuestras
    manos

El mundo comienza de nuevo.

Nos encogemos
Y sabemos
Que la belleza a menudo esta al acecho
En esos milagros escondidos
que llamamos la vida normal
cuando podemos ser al mismo tiempo los trilladores del alba
y los cambiadores de pañales.

when possibility is certainty
and dreams a butterfly unspoken living in our hands,

The world begins anew.

We wince
    and know
        that beauty often lurks
            in those veiled miracles
        called commonplace:
    when we can be the threshers of the dawn
and changers of the diapers.

Aquella final despedida

. . . aquellos amorosos abrazos entre palabra y palabra, aquel soltarme y prenderme, aquel huir y llegarse, aquellos azucarados besos, aquella final salutación con que se me despidió.

—FERNANDO DE ROJAS, *LA CELESTINA*

I. (El Bronx)

Ya el día ha escalado su más alto silencio
el silencio su más alta soledad
y te escucho
habitada por patrullas, mendigos,
o alguna lágrima,
sobre los pel-
daños de la urbe.

Frente a mí
tu última fotografía me abre sus vestidos
como tu rostro,
—como el pordiosero de ayer—
y deja pasar entre sus labios
un recuerdo.

Entonces todo vuelve.

II. (Un barrio de Centroamérica)
"Lo siento.
Sí.
No, no lo sé;
te digo que no lo sé.
Tal vez . . . , tal vez nunca.
¡No! Es que no me entiendes . . .
te quiero."

III. (El Bronx)

En verdad te quería. Pero ya es tarde.

102

That Final Good-bye

... those loving embraces between words, the letting go and
attachment, that escape and arrival, those sugared kisses,
that final goodbye, when he left forever.

—FERNANDO DE ROJAS, *LA CELESTINA*

I. (The Bronx)

The day has already scaled its highest silence,
Silence its utmost solitude
And I hear you
Filled by patrol cars, beggars,
Perhaps a tear
Moving over the painful
     Steps of the city.

In front of me
Your last photograph unbuttons her dress,
Like your face,
—like yesterday's homeless—
and lets a memory
pass through its lips.

Then everything returns.

II. (A barrio in Central America)
"I'm sorry.
Yes.
No. I don't know
I'm telling you that I don't know!
Maybe I'll never return.
No! You don't understand me . . .
I love you.

III. (The Bronx)

The truth was that I deeply loved you. But it is too late now.

Hoy miro a la luna igual que a la vida
con el sabor del hierro en la garganta.

Paladeo el silencio y sus estaciones
detrás de los barrotes de mi ventana.

Entre huesos creciendo en torno a la angustia
duermo al lado de alguna brisa llena de vagabundos.

Y lloro
Sabiendo que este es el último poema que te escribo.

IV. (El Bronx, 3:22am)

Es tarde ya.

Camino a tientas por los muros de la noche
En el medio de mi vida
en sus rutas sin señales.

Avanzo por los callejones descubriendo sombras
entonando tu nombre que se parece tanto al silencio.

Y con cada seco golpe
intento desescribirte, olvidarte.

No se puede.

Siempre tropiezo con los ojos del amor
agitando mi pecho desnudo
como a una bandera blanca en plena guerra.

Y lloro
Oyendo los gritos de una sirena urgente
Afuera
recogiendo varios muertos.

Y es que ya es demasiado tarde.

V. (El Bronx)

Now I see the moon, like life,
With the taste of iron inside my throat.

I taste silence and its seasons
Behind the bars that cover my window.

Between bones growing around anguish
I sleep beside a breeze filled with the breeze of the destitute.

And I cry
Knowing that this is the last poem that I will write you.

IV. (The Bronx, 3:22am)

It is late now.

I walk blindly through the walls of the night
In the middle of my life
In its route without signs.

I move through alleys discovering shadows
Saying your name, which sounds like quietness.

And with every intense pain
I try to unwrite you, forget you.

It is impossible.

I always stumble on the traps of love
Swaying my naked chest
Like a white flag in the midst of war.

And I cry
Listening to the screams of an urgent siren
Outside
Harvesting the dead.

And it is because it is too late.

V. (The Bronx)

Todavía pienso en ti

Hoy la noche es un inmenso misterio
que pasea como un anciano por sus recuerdos.

Debajo de su sombra de delgadas agonías
mis manos cambian su vestido
mientras sorbo entre las risas del silencio
la miseria de estos muelles solitarios.

Conozco
el tamaño de sus grandes párpados,
los latidos lentos
de su ceniza en el muro.

Entiendo
sus tibios manantiales de muerte
por donde cruzan a empellones
nuestras almas.

Pero aún no sé
por qué
siempre que me embarco y me estremezco
en estos buques del olvido
desde su ventana alcanzo a ver
un sueño
por donde cruza tu sombría figura.

Sólo comprendo
de que todavía te pienso viejo puerto mío,
aunque sé
de que lejos queda, muy lejos
el griterío de tu realidad.

Perdido
en un distante recodo
 soldado a los vagones inviolables

I Still Think of You

Today the evening is an immense mystery
That moves like an aged person through his memories.

Under its shadows of slim agonies
My hands change their appearance
While I drink, in the smiles of silence,
The misery of these solitary docks.

I know
The size of the great eyelids
The slow heartbeat
Of its ash in the wall.

I know
About its warm springs of mortality
Through which our souls cross
Pushing their way.

But I don't know
Why
Every time I sail and move
In these ships of oblivion
From their window I am able to see
A dream
Through where your dark figure moves.

I only understand
That I still think of you, old harbor,
Even though I know
That the noise of your reality
Is so distant.

Lost
In a faraway turn
    Trapped in the inviolable railcars

cargando en las espaldas
    el sudor sin nombre
pienso en tu dulce engaño.

Delirando en el desvelo sin volver
lloro por ti.

Carrying on my back
    A pain without name
I think of your sweet deceit.

Delirious in a sleeplessness without return
I cry for you.

TERCERA PARTE

Abogacía política

REGRESO A LA PATRIA

PART THREE

Political Advocacy

RETURN HOME

E s tan difícil poder capturar una palabra o un pensamiento. Pero es más difícil todavía intentar atrapar a la patria en la tinta. Especialmente porque mi Honduras se me derrama por todo el cuerpo hecha una multitud de dolores inevitables, que me recuerdan todos los días, con sus vértigos afilados, del amor mortífero que tengo por ella, por mi familia, por los amigos y por mi historia. Estoy tan condenado como el marinero de Coleridge, a contar constantemente esta historia con fe de ahorcado, para que estos poemas inacabados e inacabables se inscriban en un marco pulido por el bramido de la realidad.

A finales de 1990 mi padre fue elegido como el presidente del departamento de estibadores de Puerto Cortés; desde entonces ha organizado a los trabajadores del SITRATERCO (Sindicato de Trabajadores de la Tela Railroad Company) en esa área para lograr obtener mejores condiciones de trabajo para los emplea-dos de la transnacional bananera. Ha estado "echando cajas" por todos los veinte años de vida que yo todavía no tengo. Nunca fue a la universidad pero puede atrapar el sol en sus ojos sin quedarse ciego, puede concebir un beso sin los labios y hasta cargar "el féretro de una estrella" como "Los pobres" de Roberto Sosa.

Si hubiese podido tomar una decisión, me dijo una vez, el trabajo de estibador hubiese sido el último que hubiera escogido. Para mí eso es muy triste. Más de dos décadas se le han desmo-ronado, pintándole el pelo de blanco antes de los treinta y tal-lándole con calculada precisión una vejez física prematura. Pero para él, todo ha sido un reto que ha tomado con el fervor de un enamorado. Es un visionario y eso es lo que me ha tratado de enseñar desde "antes de que yo naciera."

Pero el estar envuelto en la organización de los trabajadores, para mi familia ha sido muy difícil mantener esa visión. Mi padre fue víctima de una serie de atentados en contra de su persona. Ha recibido amenazas de todo tipo, y en junio del 1990 todo

I t is so difficult to capture a word or a thought, but it is even more difficult to attempt to capture the motherland in ink. This is especially true because my Honduras spills over my body, transformed into a multitude of inevitable pains that remind me every day, with their sharp stabs, of the mortal love I have for her, for my family, my friends, and my history. I am as condemned as the ancient mariner of Coleridge to retell this story with the faith of a person condemned to die, so that these unfinished and unfinishable poems can be inscribed in a frame polished by the truth of my real life.

At the end of 1990, my father was elected president of the department of dock workers in Puerto Cortés; since then, he has organized the workers of the SITRATERCO (Union of Workers of the Tela Railroad Company) to obtain better and more humane working conditions for the workers of a transnational banana company. My father has been working on the docks loading banana boxes for all of my life. He never went to school beyond the eighth grade, but he can capture the sun in his eyes without being blinded, can conceive a moment of joy without wealth, and can even carry "the coffin of a star" like the "poor" of Roberto Sosa.

Had he been given the choice, he once told me, the painful job of dockworker in Honduras would have been the last one he would have selected. This is terribly sad to me. More than twenty years have fallen upon him, turning his hair entirely white before the age of 30 and forging a premature aging process that has led to three near-death hernia operations. But for him, life is a challenge he has decided to rise to with the faith of someone in love. He is a visionary, and that is what he has been trying to teach me "even before you were born."

But by being involved in the organization of dock workers, it has been difficult for our family to maintain that vision. My father has been a victim of a series of attempts on his life. He has

servicio médico fue cortado a nuestra familia. Mis dos abuelos octogenarios y mi hermanito de dos años se enfermaron de gravedad. Por un milagro sobrevivieron a la hepatitis B, a la neumonía crónica y a la diarrea infantil. Mi abuela quedó lisiada.

Al ver a mi abuela casi llorando cuando respira, a todos mis primos sin padre apenas comiendo guineos por falta de dinero, a mi abuelo cagado en los hospitales públicos en camas hinchadas de sangre, donde nadie le hacía caso por asco debido a una colostomía mal hecha y al trabajar yo mismo en los muelles de Puerto Cortés como estibador ganando 50 dólares por cargar cajas de guineo durante tres días y tres noches, delirando en el desvelo, entendí la dulcemente amarga realidad de mi patria.

Tuve miedo y cólera. Ahora me descuartiza el espanto que no me deja ni a sol ni a sombra cuando pienso que ella va a tomar la decisión por mí, como la tomó por mi padre. No quiero que estos poemas se desaparezcan. No quiero que se haga verbo la profecía sagrada del poeta cuando dijo que en Honduras "el plomo flota y el corcho se hunde."

Por eso he escrito estas lágrimas de esperanza. He tratado de derrumbar los toldos del desvelo obligado, en un intento por probar que en Honduras todavía existe la posibilidad de un cambio que nos cachetee por fin con la frescura de la conciencia y que nos lleve lejos de esta cabrona desidia. He escrito para demostrar que los abogados del dólar no siempre pueden hacer volar las palabras por reinos distinguidos y para soñar la realidad no de que "pudimos haber llegado más lejos", como lo ha dicho Jorge Medina, sino de que podemos, ahora mismo, en este preciso instante, enseñarle al mundo esa verdad prodigiosa que siempre nos ha estado rodeando sin que nosotros nos demos cuenta: todavía existe un leve hálito de dignidad en mi enamorada, en mi Honduras. Hay que ser visionarios, o quizás idealistas, o talvez poetas. Hay que aprender a sabotear el sabotaje.

Oscar Gonzales

received threats of all kinds, and in June of 1990, all medical service was denied our family. My two octogenarian grandparents and my two-year-old brother miraculously survived, respectively, hepatitis B, chronic pneumonia, and child diarrhea even though no doctors would see them. Both my grandparents were handicapped as a result of their illnesses.

When I saw my grandmother almost crying when she breathed; the dire poverty of many fatherless cousins who eat only boiled green bananas due to lack of money; my grandfather defecating on himself in the corner of a public hospital on beds saturated with blood, and myself working on the docks of Puerto Cortés as a stevedore earning a pittance to export our fruit, I understood the bittersweet reality of my country.

I was scared and angry. And now a horrid sense of hopelessness fills my heart when I feel that the system will make a decision on my behalf, as it did with my father. I don't want these poems to vanish. I don't want the prophetic phrase of the poet to become true when he said that Honduras is the "place where lead floats and cork sinks."

That is why I have written these tears of hope. I have tried to destroy the nights of perpetual sleeplessness suffered by the stevedores, in an attempt to prove that there is still the possibility that change will come to us in Honduras and that our apathy will be shattered one day. I have written to demonstrate that the lawyers of the dollar cannot always make words fly through distinguished kingdoms, and to dream the reality not that we could have made it farther, as Jorge Medina has written, but that we can, right now, in this precise instant, show the world the prodigious truth that has always surrounded us, often unknowingly: there is still hope for our beautiful and enamored homeland, our Honduras. We have to be visionaries, or perhaps idealists or even poets. We have to learn to sabotage the sabotage.

Oscar Gonzales

Patria: Eres el recuerdo pasado de moda

La única verdad es la realidad.

—UN DICTADOR

En las venas te galopa el olvido
las piernas se te vuelven a desmayar
y tus ojos ya no escuchan los colores
del barrio desteñido.

Se te abre la boca
llena de la debilidad de una ola remota.
Me intentas pintar con tu mano descarriada la faz
pero sólo tuerces los llantos
cagados del sigiloso paso del tiempo.

Te has olvidado de quien fuiste,
y ya no sabes ni quién eres
y ahora ni siquiera me reconoces.

Nuestro origen yace cercenado
en tus respiros cautivos de las horas,
ametrallado por el tumulto de caras inmoladas,
inerte
en el instante preciso
en que te clavan los besos de hierro en el costado.

Y ni te diste y ni te vas a dar cuenta.

Cae una gota
no de llanto, ni de sangre,
sino de plástico,
que se descuelga como los pasos del odio
y se te derrama desde la comisura de los labios
arribando igual que los culatazos,
segura, intacta,
como ellos,
para joderte.

Motherland: You Are the Remembrance Long Forgotten

The only truth is reality.

—A Dictator

Oblivion gallops inside your veins.
Your legs give way
And your eyes no longer hear the colors
Of the untainted barrio.

Your mouth opens
Filled with the frailty of a remote wave
As you try to paint my surface with your derailed hand
Your only cough cries
Full of the clandestine pass of time.

You've forgotten who you were
And you don't even know who you are
And now you don't even recognize me.

Our origin lies severed
in your breathing captive of the hours
gunned by the tumult of immolated faces,
inert
in the precise instant
in which they nail their kisses of iron to your side.

And you don't even know and will never know.

A drop falls
—not of iron, nor of blood—
but of plastic
that unhinges like the steps of pain
and spills from the juncture of your lips
arriving
secure, intact
like them,
to screw you.

"What?
¿De qué me habla . . . ?
No. Yo no sé nada de eso."

Aquí nunca hubo muertos
ni indios hideputas
ni pasados, ni historias olvidadas,
ni existieron las pijeadas que te dieron hace ya mucho.

Aquí la felicidad brilla
en las sonrisas fulminadas de hambre,
sobre los pisos de tierra
donde a diario se confabulan
las inmensas desnudeces de los llantos
de aquellos
que confrontamos la violencia de las lápidas
sólo con una mirada
cargada del peso de los muertos.

Permanezco perdido en 1911,*
En 1934 con mi amigo Carías,
En 1983 con mi amigo Álvarez Martínez,
Hoy en ti,
borrado en los cañonazos de nieve.

Nada.
Nada ha pasado aquí
". . . ni está pasando ni pasará nunca.
Este es un pueblo feliz."**

---

*En 1911 hubo una revolución en Honduras instigada por los Estados Unidos y la transnacional bananera. En 1934 el dictador Tiburcio Carías Andino ordenó el primer bombardeo de manifestantes en Centroamérica y el asesinato de una manifestación con centenares de personas. En los años 80, el General Álvarez Martínez fue responsable por la desaparición de centenares de hondureños. No muchos pueden recordar estos hechos.

**De la escena concerniendo el asesinato de los sindicalistas en *Cien años de soledad* por Gabriel García Márquez.

"¿Qué?
What are you talking about?
No. I don't know anything about that."

There were never any dead here
Nor bastard Indians
Nor pasts and forgotten histories,
Nor the beatings you received recently.

Here happiness shines
in the smiles fulminated by hunger.
In the dirt floors
where they plot daily
the immense nakedness of the cries
of those
who confront the violence of the tombstones
only with a look
withered by the weight of the dead.

I remain lost in 1911,*
in 1934 with my friend Carías,
in 1983 with my friend Álvarez Martínez,
Today in you,
erased in the snow shellfire.

Nothing.
Nothing has happened here,
"nothing is happening and nothing will ever happen.
This is a happy pueblo."**

---

* In 1911 there was a revolution in Honduras instigated by the United States and the transnational banana companies. In 1934 dictator Tiburcio Carías Andino ordered the first air bombings of protesters in Central America and the assassination of a crowd of hundreds of demonstrators. In the 1980s General Álvarez Martínez was responsible for the disappearance of hundreds of Hondurans. Not too many can recall these events now.

** From the scene concerning the assassination of the "sindicalistas" (union workers for the transnational banana companies) in *One Hundred Years of Solitude* by García Márquez.

La cena de un estibador

Abandonado como los muelles en el alba. . . .
Sólo la sombra trémula se retuerce en mis manos.

—Pablo Neruda, "La canción desesperada"

Vuelvo
y otra vez el cuchillo
raspando el comal negro
fractura el silencio.
Es mi abuela
enviando todo el chingaste
a morir guindado del aire,
sofocando años
y el infierno de un pueblo
en llamas
con la tortilla
derramándose en las noches sin sueños.

Llego
verde-azul,
teñido del silencio de los muelles
y de la tinta de las cajas de guineo,
partido en dos, delirando en el desvelo
besado
por las anchas palideces de los ultrajados.

Me siento
a comer la tortilla desinflada—reducida cada vez más—
con los guineos verdes ajenos
y los frijoles sólo existentes y saboreados
en la imaginación
—hoy el lujo de abogados y diputados—
el sueño de estibadores,
que solo cagamos maíz y guineos con agua
en estas noches oscuras

The Dinner of a Stevedore

Abandoned like the docks at dawn. . . .
Only the fragile shadow squirms in my hands.

—PABLO NERUDA, "THE SONG OF DESPAIR"

I return
and another time the knife
scraping the black griddle
fractures silence.
It's my grandmother
sending all the ashes
to hang from death in the air
suffocating years
and the inferno of a people
in flames
with that tortilla
that spills over the sleepless nights.

I arrive,
green-blue,
broken in two,
tinted by the silence of the docks
and by the ink of the banana boxes
kissed
by the witness of the abused.

I sit
to eat the deflated tortilla—reduced more every day—
with green bananas
and the expensive beans that only exist and can be tasted
in the imagination,
—today the luxury of lawyers and politicians—
the dream of stevedores, we
that only defecate corn and green guineos with water
in these murky nights

de Apocalipsis perpetuo y cotidiano
regaladas a la Compañía por ellos.

Veo
a mi abuela tocando el borde del tiempo
arqueada por los rivales eternos
ahogados en ropa sucia
       que nos alimenta
"Es buena la tortilla con sal."
Oigo su voz profunda de siglos.
Yo también aprendo eso
y dentro del resignamiento austero
oigo mi voz
"Si, es buena."
Tiene que serlo.
Con los años se aprende rápido aquí.

Me levanto y voy
hacia los ojos hinchados de mis compañeros trabajadores
lejos de mi abuela
pensado en la juventud que ha matado
(como lo han querido los Padres de la Patria de ayer y hoy)
       lavando, cocinando y pariendo
Así como yo y mis compañeros
empequeñecidos más y más por los bultos de frutas exquisitas
aburridos de ver el plomo flotar en el aire todos los días
aturdidos por las gloriosas leyes y los protectores:
honorables:
gobernantes
que me recuerdan
de que antes de regresar al atraco de los muelles
debo ir a cagar maíz y guineos podridos otra vez.

of perpetual and mundane Apocalypse
wrapped by them for the Company.

I see
My grandmother touching the jaws of time,
As she is arched by the eternal washboards
Drowned by dirty clothes
            That feed us.
"It's good . . . the tortilla with salt."
I hear her voice eroded by too many centuries.
And yes, I also learn what she has said.
And in an austere resignation I hear my own voice:
"Yes. It is good."
It has to be.
With the passing of time you learn quickly here.

I get up and go
Toward the swollen eyes of my compañeros
Away from my grandmother
Thinking about the youth she has killed
(like the Fathers of the motherland have wanted to)
            washing, cooking and procreating;
she's like me and my compañeros:
reduced more every day by the exquisite fruits,
tired of seeing lead float in the air every day,
and drugged by the glorious laws and by our protectors:
honorable
rulers
who remind me
that before returning to the theft of the docks
I must go shit corn and rotten bananas again.

Es imposible olvidarte

La única democracia existe donde la gente es rica.

—Anónimo

Sabes, es imposible olvidarte.

La casa de madera vieja todavía me habla.
Las tardes en los campos del banano aún saben
a tu última cara.

Hasta los rostros tenebrosos del pueblo hinchado de burdeles
vuelven.

Tal vez fue que la huelga volvió todo más duro.
No sé.

Quizás fue por los abogados que llegaban en carro
a buscarte.
Tal vez.

O por los extranjeros
que te arrastraron, como pudieron, hasta su boca.

Pero sabes,
no sé por qué
se me han quedado hilvanadas las tardes
cuando solías acariciar las calles con tus risas
a mi lado.

Y cuando en aquellos caminos de maleficio y polvo
siempre
mi abrazo y tu silencio se adueñaban de todo.

Sabes, es imposible olvidarte

Cuando llegabas teñida del sudor de él.
"Es muy adinerado" me contaron.

It Is Impossible to Forget You

Democracy only exists where people are wealthy.

—Anonymous

You know, it is impossible to forget you.

The old wooden house still speaks to me.
And the afternoons in the banana fields
Still have the taste of your last pretense.

Even the lugubrious façade of the town filled with brothels
Returns.

Perhaps it was because the strike made everything more difficult.
I don't know.

Maybe it was due to the lawyers that arrived in their luxury cars
Looking for you.
Perhaps it was that.

Or because of the foreigners
Who dragged you with all their might into their jaws.

But you know,
I don't know why
Those afternoons
When you caressed the streets with your smile
Are still with me.

And when over those roads of charm and dust
Always
My embrace and your silence became the owners of everything.

You know, it is impossible to forget you

When you returned filled with his sweat.
"He is very wealthy," they told me.

"Pero imagínese . . . , setenta años."
Después el día del aborto.

Tal vez fue porque echaron a tu hermana del trabajo.
O porque te dijeron que tu madre ya se iba a morir del corazón.
Y no había hospital.

O por los extranjeros
que me arrastraron, como pudieron, hasta su boca.

"But just imagine, he is over seventy."
Then the day of the abortion.

Perhaps it was because they fired your sister from her work.
Or because they told you your mother would have a heart
    attack.
And there was no hospital.

Or because of the foreigners
Who dragged you, at any cost, into their jaws.

"Vivo en un país libre."

—Silvio Rodríguez

II/IV

Febrero.

En voz baja pronunciamos un beso.
Pero todo eso está tan lejos.

Aquí las sombras
caen violentamente
de los peñascos afilados.

Se sienten las caricias
rodeadas de bayonetas
silencio y arena.
Mientras el olvido
y sus vértigos
extienden su mirada
con un coletazo
y tocan
la melodía espantosa de un tropiezo.

Como siempre
no nos damos cuenta
de sus zarpazos de parálisis.

De sus inviernos ardiendo
desde febrero de 1492
o 1498
o antes
o en este 28

detrás de los espacios

habitados
por los indios

"I live in a free country."

II/IV

February.

In a whispered voice we utter a kiss.
But all of that is so distant.

Here shadows
fall violently
from the sharpened crags.

You feel caresses
surrounded by bayonets
silence and sand
While oblivion
and its vertigo
extend their gaze
with a lash
and play the dreadful memory of a tumble.

As always
we don't notice
their claws of paralysis

their winters burning
since February 1492
or 1498
or before
or in this 29

behind the spaces

inhabited
by the Indians

silenciados
en los feroces suelos de tierra

Donde continuamos sin saberlo
    anebrijados* de tanta mier . . .

Sobando al "siempre compañero del imperio:"
    que nos quema en el silen . . .

Saboreando nuestros atroces gemidos enterrados
    que también hoy se quedan deteni . . .

Besando el terror
que nos chupa
como caña de azúcar
la cortez-a
de estos amargos cuerpos blindados de arrugas.

Es entonces
que sabemos que no somos
nada más
que espejos rotos,
racimos terribles
donde se refleja
la desidia trabada con los guineos,
            las fatigas,
            el ahuas tara,
            las frases corta
            -das.

Pero el cielo lo azucaramos de rosa
Porque nosotros sabemos
lo fácil
que es cerrar los ojos.

---

* "Anebrijados" se refiere a la combinación del nombre Antonio de Lebrija
y embriaguez. Lebrija publicó el primer libro sobre la vernácula gramatical europea en 1492, el mismo año que el "descubrimiento" de América,
y escribió que "el idioma debe ser el compañero inseparable del imperio."

silenced
in the ferocious dirt floors

Where we continue unknowingly
    Anebrijated* from so much shi . . .

Massaging the eternal companion of the empire
    that scorches us in this silen . . .

Savoring the atrocious buried moans
    that today also remain arres . . .

Kissing terror
that swallows
like sugar cane
our bitter bodies armored with wrinkles.

It is then
that we learn
that we are nothing
more
than broken mirrors
terrible racemes
deluded in the reflections of the bananas
        the fatigues
        the military training games
        the bro-
ken phrases.

But we decorate the sky with roses
because we know
how easy
it is to close our eyes.

---

* "Anebrijated" refers to the combination of the name of Antonio de
Nebrija and inebriation. Nebrija published the first book on European ver-
nacular grammar in 1492, the same year as the "discovery" of America, and
wrote that "language must be the inseparable companion of the empire."

Mi cultura, o el preciso
ingreso al encierro

Atravesamos los espacios más tristes
cavando fosas de olvido,
tan mudos como un Dylan Thomas en el asilo del amor
desgastando aún más las tablas del manicomio.

Clavados en actitud de esclavos
seguimos siendo Sísifos ciegos
sin darnos cuenta;
Frustrados en los círculos enmascarados
caminamos con cuidado de no tropezar
con las ausencias
y volvemos a caer
sobre un mar embotellado
dando vueltas con una piedra desmemoriada.

Atravesamos los espacios más tristes
viendo a Mallarmé que se queda perdido en sus dados
para acabar sólo en su propio libro
sin darnos cuenta
de que también acabamos en el mismo libro—
llenamos como formularios nuestras vidas
como ellos han querido siempre.

Los diapasones de Carpentier
se pierden como pasos
en los Caribes de Travesía.

A duras penas reconocemos
las pescas de sirenas de Molina
y los Países de Sombra de Darío.

¿Y quién putas es Dylan Tomas
y Sísifo y Mayar-mé?

My Culture, or the Precise Entrance into Confinement

We move across the saddest spaces
digging tombs of oblivion
as mute as Dylan Thomas in the love asylum
wearing away even more the steps of the madhouse.

Arrested in slavelike beatings
each continues being a blind Sisyphus.
Frustrated in the masked circles,
unknowingly,
we walk with care of not stumbling
into the absences;
but it's no use—again we fall
into a bottled ocean
eternally entwined in our paper boulder.

We shift across the saddest spaces
watching Mallarmé lost in his dice
tied to the destiny of his own book
without even knowing
that we come to an end in the same place
—we fill our lives like forms
like they have always wanted.

The diapasons of Carpentier
are lost like steps
in the Caribs of Travesía.

We hardly recognize
the Mermaids of Molina
or the Shadow Countries of Darío.

"But who the hell is Dylan Thomas
and Sisyphus and Mayar-mé!"

Es cierto.
En el Mercado San Isidro eso no importa.

Los libros mueren en el responso de la oscuridad.
La herida de los ojos se agranda en un Edipo.
El beso roído de la palabra se desgarra.
Se abre un vacío
y admiramos el sepelio de mi caída a la noche.

Partido en dos
me vuelvo el otro Yo de Borges
sabiendo
Que escribo
Y soy
Sastre en un país de desnudos.

Lloro como Morazán
porque mi Honduras mora
en el preciso ingreso al encierro.
Navego en la melodía de una cobardía
y una pregunta:
¿No sería mejor estar en la línea de fuego
que en frente de esta página en blanco . . .
Y vos lector,
a donde debes estar si puedes leer esto?

Talvez aquí.
En este mundo de múltiples analfabetas
(los que no pueden leer y peor aún, los que leen mal)
donde por fin el de los pasos perdidos es libre:
Nadie recuerda.
Los payasos saltan
bajo el enorme dominio de los calabozos sin tiempo.
El carnaval explota en regocijo
en las máscaras de sangre maquillada
que esconden cuidadosamente un agrio gesto violáceo.

It's true.
In the San Isidro market that doesn't matter.

Books die in the prayers for the dead
The wounded eyes of an Oedipus shatter
The rotten kiss of the word splinters
A vacuum opens
and we admire the entrance of our burial into the night.

Broken in two
I become the other I of Borges
knowing that
I write
and am a
tailor in a country of naked people.

I cry like Morazán
because my Honduras dwells
in the precise entrance into confinement.
I navigate in the melody of cowardice
and a question:
Wouldn't it be better to be in front of the firing line
instead of being in front of the white page?
And you, reader,
where should you be if you can read this?

Maybe here
In this space of multiple illiterates
(those who cannot read and even worse
those who read passively)
where finally he of the lost steps is free:
Nobody remembers.
Clowns jump
under the enormous dominion of the timeless prisons;
the carnival explodes in joy
behind the masks of hidden blood
that carefully conceal a sourly livid scowl.

La función debe continuar,

Mientras una tonelada de sombra
se coagula en los ojos;
Sólo estornudar nos falta
para darnos cuenta
de que la guillotina sirvió:
Nuestra cabeza rebota en el suelo
Y los asesinos están allí.

Bajo el color local policiaco
este clamor se ignora y no importa.
Las raíces crecen hacia dentro y se pierden
y hasta ese muñidor insobornable,
el tiempo,
acepta el silencio apresado en este mundo de ceniza.

Atravesamos los espacios más tristes
cavando fosas de olvido,
mudos, ciegos, inmóviles.
Porque mientras ellos no salgan
nosotros no hemos nacido.

The show must go on

As a ton of shadow
coagulates in our eyes.
We only need to sneeze
To find out
That the guillotine worked.
Our head rolls on the floor
        In front of the assassins.

Under the local police color
this clamor is ignored and lost.
Roots grow inwardly and are erased
And even that unbribable judge
                        time
accepts the jailed silence of this world of ashes.

We traverse across the saddest spaces
digging tombs of oblivion,
mute, blind, immobile.
Because until they leave
        We haven't been born yet.

Centro América y el Medio Oriente

(i)

El dolor sale de tu laberinto sonoro,
Del clamor del polvo funeral,
De la súbita disolución del tiempo
Y la sombra de voces infinitas que vibran con miedo
Cuando todos los sistemas de significado explotan.

Nuestro dolor es una mariposa de meliflua oscuridad
Anidada en nuestras almas.

Nuestra pena es un cielo sedoso de cenizas llenando nuestros días
Con una nostalgia sin limites.

La angustia surge a movilizar sus secuaces.
Nuestros cuerpos se levantan del suelo.
Y estamos tan lejos de nosotros
Mientras miramos la lenta disolución de la inocencia.
Y aprendemos cuan rápido
Lo importante se vuelve trivial con la muerte.
Deseando ser demasiado jóvenes para entenderlo todo.

Todo ocurrió en la dulce cintura de América
Bajo el tierno intercambio del oro.

(ii)

Ahora,
En medio de la luminiscencia de las ausencias
Los mismos criminales y convictos vuelven,
Las mismas caras en altos rangos
Las mismas sonrisas espléndidas
Detrás de las caras cuidadosamente borradas.

Una vez más nos hablan a través de espejos de sangre
Entre capas y escribas
Transformados en los estenógrafos del poder
En los pilares crujientes de la verdad.

Middle America and the Middle East

(i)

Pain rises from its sonorous labyrinth,
from the clamor of the funeral dust
from the sudden dissolution of time
and the shadow of infinite voices tingling with woe
when all systems of meaning are shattered.

Our sorrow is a butterfly of fluttering darkness
nesting in our souls.

Our pain a misty sky of ash filling our days
with an unbounded longing.

Anguish rushes in to mobilize its executioners.
Our bodies rise from the ground in disbelief.
We are so far from ourselves
As we witness the slow dissolution of innocence.
And we learn how fast
the important becomes trivial with death.
And wishing we were too young to understand it all.

It all happened in the sweet waist of the Americas
Under the tender exchange of gold.

(ii)
Now,
Amidst the luminescence of the absences
the same convicted criminals return,
the same faces in high places
the same splendid smiles
behind carefully concealed faces.

Again they speak to us through mirrors of blood
through cloaks and scribes
transformed into stenographers of power
in the crackling pillars of truth.

Nuestra voz no puede encontrar las sílabas de odio
Para expresar nuestra angustia.

Los credos vacíos se abren otra vez
Y dirigen la maquinaria de la muerte.

Ocurrió en Centro América y ahora ocurre aquí.
¿Quiénes son los asesinos y verdugos?

Una vez más,
No somos
Nada más
Que Naciones consumiendo Naciones
En la intersección del metal y la carne
Las buenas intenciones y el poder.

Our frail voice cannot find the syllables of anger
to express our pain.

Laid bare are the hollow creeds
that once again have directed the machinery of death.

It happened in Central America and now it happens here.
Who are these killers and executioners?

Again,
We are
Nothing more
Than Nations consuming nations
at the intersection of metal and flesh,
good intentions and power.

Bajo los toldos del desvelo obligado

Crecen
muros
Muelles
y buques negros.

Truenan
las máquinas heladas
halando las ligadas eternas
robando
las entrañas
de un país en venta
Forzando
en estas paralelas infinitas
los vagones
 que auscultan al sol
 y roban la mañana
 matando la noche
llorando bultos hinchados
sobre nosotros,
los estibadores,
los hondureños,
ya sin estatura
viviendo como muriendo
ultrajados hasta el hielo
Sin más que hacer
que recoger y ver
sin tocar
nuestro oro verde
—minado en el misterioso
    silencio
de las plantaciones ajenas—
que se evaporan en los buques negros
sin sentirlo:

Forced Sleeplessness

Seawalls,
dockyards, and
dark ships
grow.

Machines
tremble
pulling long successions
or railcars
that seize
the womb of a state for sale.
Forcing
the movement of trains
over the infinite and parallel rail lines
covering the sun,
hiding the morning
and slaughtering the night;
pouring enormous weights
over us
—the stevedores—
now without stature
living like dying
abused to the extreme of pain.
And there is nothing we can do
but pick up and see
without touching
our green gold
—mined in the mysterious
      silence
of the foreign plantations—
that evaporate in the black ships
surreptitiously:

Y tanto joder . . .
tanta humillación perpetua . . .
tanta gente en la mierda . . .
nomás por invitar a un gringo
a comer guineo.

And so much pain . . .
so much perpetual humiliation . . .
so many people in agony . . .
only because we invited a gringo
to eat a banana.

Advertencia

Pero al final ¿qué hacemos?
Sólo lo escribimos,
Sólo lo pensamos,
Sólo lo leemos.
"Y ay, que interesante, y que buenas ideas, y que poderoso."
Y cerramos el libro
y a la camita
y buenas noches.
Mientras los muertos se siguen descolgando a la vuelta de la
    esquina.
Y los asesinos, que están allí, nos hacen sus cómplices.

Warning

But at the end what do we do?
We only write,
We only ponder,
We only read.
And we think it's interesting, filled with ideas, and powerful.
And we close the book
And go to bed
And say good night.
While the dead continue being killed around the corner
And the assassins who are there make us their accomplices.

Estructura de la obra

El libro está dividido en tres partes que simbolizan una búsqueda espiritual y una jornada física.

Parte 1: Exilio y amor

En la primera parte, el poeta se ve obligado a abandonar su suelo nativo, y sus primeros días en el exilio están marcados por nostalgia y el amor a su patria. El poeta ve el amor de su amada, a quien encuentra en el nuevo mundo, como un reflejo y transformación del amor por su patria y la poesía misma. Esta sección usa algunas ideas estructurales de la novela *Ulises* de James Joyce, en donde una narrativa épica toma lugar dentro de un solo día. Joyce intenta comunicar que en la plenitud y lo ordinario de un solo día se puede encontrar toda una vida. Como Borges sugiere en sus cuentos, un grano de arena contiene a toda la playa, una pequeña hélice de ADN contiene la esencia y la belleza del infinito ser humano: el infinito es portátil.

De esta manera, la primera parte de *Centroamérica en el corazón* se encuentra divida en 24 poemas que representan 24 horas. Se usan números romanos para representar el símbolo del reloj. Los 24 poemas están precedidos por un poema inicial que sirve de introducción. Además, los 24 poemas están divididos en grupos de 4 para representar las 4 estaciones en honor del libro *Azul* de Rubén Darío (Rubén Darío usa la siguiente estructura: Primaveral, Estival, Autumnal, Invernal). Cada una de las 4 estaciones está descrita por un adjetivo basado en los antiguos elementos y humores griegos: fuego, tierra, aire y agua, los cuales Galeno, Hipócrates y Carl Jung usan para definir la personalidad

Structure of the Work

The book is divided into three parts, symbolizing a spiritual and physical journey.

Part 1: Exile and Love

In the first part, the poet leaves his homeland and his first days are marked by yearning and nostalgia for his country. He sees the love of his beloved whom he encounters in the new country as a reflection and a transformation of the love for his homeland and poetry itself. This section uses some structural ideas from the novel *Ulysses* by James Joyce, where an epic narrative takes place within one day. Joyce tried to communicate that in the plenitude of a single day, an entire epic or even a lifetime can be contained. As Borges wrote, a single strand of DNA contains the essence and beauty of the entire universe: pocket-sized infinity.

Thus the first part of *Central America in My Heart* is divided into 24 poems representing 24 hours. Roman numerals are used to represent the symbol of the clock. The 24 poems are preceded by an initial poem that serves as an introduction. In addition, the 24 poems are divided into groups of 4 to represent the 4 seasons in an homage to the book *Azul* by Rubén Darío, who used the structure Primaveral, Estival, Autumnal, and Invernal. Each of the 4 seasons is described by an adjective from the ancient Greek elements: fire, earth, air, and water, which Carl Jung used to define human personality, to symbolize that the seasons and the passage of time are affected by our human emotions and relationships. Finally, the 24

humana y simbolizar que las estaciones y el pasar del tiempo se ven afectados por las emociones y nuestras relaciones. Finalmente, los 24 poemas se encuentran organizados en la forma de la secuencia del día: mañana, tarde y noche.

La idea de numerar el libro de esta forma provino del "Epitalamio" escrito por Edmund Spenser. Un epitalamio es un poema de amor escrito para la doncella en la noche de bodas, así que Centro América representa a la prometida del poeta. El poema de Spencer está dividido en 365 líneas largas, que corresponden a todos los días del año; 68 líneas cortas que representan la suma de las 52 semanas, 12 meses y 4 estaciones del ciclo anual; y las 24 estrofas corresponden a las horas diurnas y siderales.

La estructura de esta primera sección también simboliza que los días súbitamente se convierten en años y que el tiempo inevitablemente nos reconstruye. A pesar de estos cambios, es posible encontrar consuelo en el mundo. Se encuentran amistades y amores, esposa e hijos que se convierten en nuestra nueva nación.

Parte 2. Nuevo mundo

La segunda parte se enfoca en la experiencia contradictoria del inmigrante en el nuevo mundo. Por una parte se encuentra el deseo y la esperanza por volver, en contraste con la fría realidad de saber que el volver al mismo momento del pasado es imposible. Todos nos vemos obligados a envejecer y a ser cambiados por el tiempo.

Parte 3. Vuelta a itaca: Abogacía Política

La tercera parte del libro relata la vuelta del poeta a su tierra natal, a una tierra de conflicto, llena de corrupción. Como Blake, el poeta ve la explotación de los trabajadores en los puertos en donde nació, las muertes escondidas y eventos políticos que son dolorosos para la nación; y hasta se establece un enlace con el presente conflicto en el Medio Oriente y Centro América. Al final, se hace un llamado a la acción, para ir mas allá de las palabras en un esfuerzo por remediar las injusticias del mundo. Casi

poems are also arranged in the sequence of the day—morning, mid-day, evening.

The idea to number the book in this way was influenced by Edmund Spencer's "Epithalamion." An epithalamion is a love poem written for a bride on a wedding night, so in this first section Central America represents the bride of the poet. Spencer's poem is comprised of 365 long lines, corresponding to the days of the year; 68 short lines, representing a sum of the 52 weeks, 12 months, and 4 seasons of the annual cycle; and 24 stanzas, corresponding to the diurnal and sidereal hours.

The structure of this first section also symbolizes that days suddenly turn into years and that time inevitably changes you. Despite these changes, it is possible to find solace in the new world. You can find friendships and loves, such as your wife and children, who become your new nation.

Part 2. New World

The second part focuses on the contradictory experience of the immigrant in a new world. On the one hand is the desire to return home, contrasted by the stark reality of knowing that returning to the exact same place you left is impossible. Everyone will be older and changed by time.

Part 3. Return Home: Political Advocacy

The third part of the book relates the poet's return home to a land of turmoil that is filled with corruption. The poet sees the exploitation of workers on the docks of his harbor town where he grew up, the hiding of deaths and political events that are painful for the nation, and even links in the military histories of Central America and the Middle East. At the end, a plea is made for action, for us to go beyond words and poetry to attempt to change the injustices of the world. Most of the poems were originally written in Spanish and translated into English by the author. Two poems, "Grandchild and Grandparent" and "Middle

todos los poemas fueron escritos en español. Sólo dos poemas, "Nietos y abuelos" y "Centro América y el Medio Oriente", fueron escritos en inglés y traducidos al español.

America and the Middle East," were originally written in English and translated into Spanish.